徐汇区教育系统特级书记工作室项目

获“上海学校马克思主义理论研究项目”支持

# 沐浴新时代的阳光

## ——中小学生红色基因培养模式探索

金琪 ◎ 编著

上海教育出版社
SHANGHAI EDUCATIONAL PUBLISHING HOUSE

# 序

回看中华民族的发展历史，对教育的重视是一个优良传统。中华人民共和国成立后，党和政府把教育事业发展放在优先位置。改革开放以来，随着我国经济社会的快速发展，教育事业也迎来了蓬勃向上的新局面。近年来，立德树人作为教育的根本任务成为引领教育改革发展的指向标。2016 年 9 月 9 日，习近平总书记在北京市八一学校考察时指出："时代越是向前，知识和人才的重要性就愈发突出，教育的地位和作用就愈发凸显。我国正处于历史上发展最好的时期，但要实现'两个一百年'奋斗目标、实现中华民族伟大复兴的中国梦，必须更加重视教育，努力培养出更多更好能够满足党、国家、人民、时代需要的人才。"立德树人，就要坚持社会主义核心价值观导向，深入开展理想信念教育、爱国主义教育、中华优秀传统文化教育和革命传统教育，加强法治教育、国防教育和可持续发展教育，促使学生将其内化为精神追求，外化为行动自觉。其中，红色教育是落实立德树人的重要内容，是我国教育现代化的特色内容，是社会主义教育的必然要求。然而，随着我国现代化进程的加快，社会生活方式发生了巨大改变，社会文化面临着剧烈的冲击，我国教育事业发展也面临着前所未有的挑战。在诸多社会思潮、网络文化、新兴文化的冲击下，现代教育尤其是青少年教育出现了红色文化缺失，而且原有的红色文化教育内容、方式已经不能满足我国社会主义教育发展的需要，不能满足培育社会主义建设者和接班人的需要。尤其是随着中国特色社会主义进入新时代，树立红色信仰，坚定理想信念是新时代中国社会主义教育培养建设者和接班人的时代追寻。

党的十八大以来，习近平总书记高度重视并深刻论述了让红色基因代代相传的重大理论与实际问题，从党员领导干部到人民教师，从部队官兵到大中小学生，都分别提出了明确具体要求，要求牢牢把握红色基因的先进本质，反复强调要不忘初心、牢记使命，把红色资源利用好、红色传统发扬好、红色基因传承好，让革命事业薪火相传、血脉永续。如何在新时代同步实现红色基因培育，使红色教育不缺位，是当前应当也必须破解的一个问题，研究这一问题是教育研究者不可推卸的责任。

我们知道，在社会主义文化的构成中，红色文化是其重要组成部分。红色基因培育不仅仅关系到中学生社会主义核心价值观的树立，更会影响中学生世界观、人生观、价值观的树立。中学生红色基因培育所涉及的学科范畴是极其广泛的，包括中学生各个必修学科、专题选修课程、理论学习、社会实践、社会学、历史学、政治学等等。当下中学生红色基因培育更多的是在实践中推行，并未形成完善的理论和实践运行架构，如何对现有的实践进行梳理、总结，为进一步提升红色基因培育实效提供建议是当下亟待解决的问题。

教育现代化进程中的红色基因培育是一个复杂的现实问题，同时也是一个理论问题。此书是在对基层中学生红色基因培育长效机制实践探索的基础上进行理论总结，并提出红色基因培育的建议，以期能够起到抛砖引玉的作用。

作为一名“老革命”，我时常会想起自己经历的峥嵘岁月，也时常会感叹中国共产党的伟大，感叹这个国家和民族的伟大。我深刻地感觉到，青年一代一定要继承和发扬红色记忆，成为赓续红色精神的时代新人。前些日子，我和程亚西等40余位年逾百岁的新四军老战士给习近平总书记写信，结合自身经历讲述了“只有共产党，才能实现中华民族伟大复兴”的深切感悟。习近平总书记给我们回了信，希望我们继续发光发热，结合自身革命经历多讲讲中国共产党的故事、党的光荣传统和优良作风，引导广大党员特别是青年一代不忘初心、牢记使命、坚定信仰、勇敢斗争，为新时代全面建设社会主义现代化国家而不懈奋斗。我今天看到这样一本继承和发扬红色精神、强化青少年红色教育的书籍，内心十分激动。我为这本书作序，从某种程度上说，就是谨记习近平总书记的嘱托，继续发挥光和热。我也期待青年一代能够珍惜韶华，勤勉奋斗，在红色基因的浸润下努力成长为德、智、体、美、劳全面发展的合格的社会主义事业的建设者和接班人。我也相信，随着我国教育现代化的推进，随着国家对红色基因培育的关注和持续支持，随着红色教育的长期实践，特别是有情怀的教育家和一线教育工作者的持续创新和探索，红色基因培育一定会达到习近平总书记在2016年4月24日参观安徽省六安市金寨县革命博物馆时指出的“革命传统教育要从娃娃抓起，既注重知识灌输，又加强情感培育，使红色基因渗进血液、浸入心扉，引导广大青少年树立正确的世界观、人生观、价值观”的要求，进而达到“不仅震撼一瞬间、激动一阵子，而且能够铭记一辈子、影响一辈子”的效果。

一百一十岁老人施平与广大师生共勉。

施平

2021年3月26日

施平作为给习近平总书记写信的新四军老战士中的其中一位，是一位德高望重的革命老人。他生于1911年11月，云南大姚县人。烽火年代，兼任过县警卫团政委，曾出任苏中一地委、华中九地委的民运部长。1985年离休前，施平时任上海市人大常委会常务副主任兼秘书长。

CONTENTS 目录

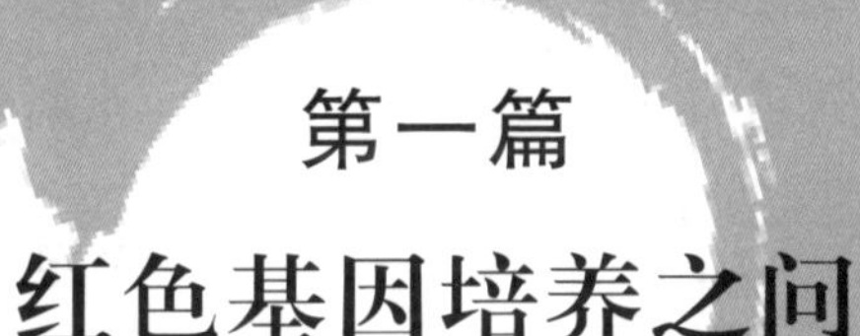

# 第一篇

# 红色基因培养之问

# 第一章 举红旗：红色基因造就中国梦接班人

党的十八大以来，习近平总书记高度重视并深刻论述了让红色基因代代相传的重大理论与实际问题，从党员领导干部到人民教师，从部队官兵到大中小学生，都分别提出了明确具体要求，要求牢牢把握红色基因的先进本质，反复强调要不忘初心、牢记使命，把红色资源利用好、红色传统发扬好、红色基因传承好，让革命事业薪火相传、血脉永续。用红色基因造就中国梦接班人，对于推动社会主义核心价值观建设，确保红色江山永不变色，实现"两个一百年"奋斗目标，实现中华民族伟大复兴中国梦，具有重要意义。

## 一、红色基因的时代价值：人才培养的时代追寻

中国特色社会主义进入新时代，要把立德树人作为教育的根本任务，坚持社会主义办学方向，就要着力培养能够担当民族复兴大任的时代新人，以红色基因铸魂育人。这是人才培养的时代追寻。

### （一）红色基因的内涵

红色基因是中国共产党领导人民群众在为实现中华民族伟大复兴的不懈奋斗中所形成的一种先进的观念意识形态，是对中华民族先进本质、伟大精神、崇高思想、优良传统等的高度凝练和升华。它深深植根于中华优秀传统文化、革命文化、社会主义先进文化之中，流淌在全党、全军、全国各族人民的血脉心间。可以说，红色基因是中国共产党人不断前进的思想内核，也是中华人民共和国永葆底色的精神支柱，更是激励中华儿女不断走向胜利的动力源泉。

红色基因凝结着中华儿女的理想追求，昭示着中华民族的文脉传承，凝合着中国人民的先进品质，具有强大的吸引力、凝聚力、生命力，在潜移默化中深

刻地影响着包括一代代中国共产党人在内的中国人民的世界观、人生观、价值观。红色基因于中国旧民主主义革命斗争中初步萌芽，在新民主主义革命中不断形成，而后又在社会主义革命和建设中继续发展，并在改革开放的伟大实践中传承创新。可以说，红色基因的形成与发展贯穿着中国革命、建设、改革的全过程，而与之相伴的是，在红色基因的引领和支撑下，久经磨难的中华民族迎来了从站起来、富起来到强起来的伟大飞跃。2016 年 7 月 1 日，习近平总书记在庆祝中国共产党成立 95 周年大会上的讲话指出，“一切向前走，都不能忘记走过的路；走得再远、走到再光辉的未来，也不能忘记走过的过去，不能忘记为什么出发”。[①] “光荣传统不能丢，丢了就丢了魂；红色基因不能变，变了就变了质。”[②]红色基因充分体现着中国共产党人的初心和使命，承载着波澜壮阔的中国革命历史，凝结着走向胜利的成功经验，蕴藏着推进自我革命的无穷智慧，成为亿万中华儿女不断战胜各种艰难险阻勇往直前的思想支柱和精神力量。时至今日，红色基因的传承弘扬仍旧是确保中国共产党永不变质、中华人民共和国永不变色的重要保障。

历史和现实告诉我们，红色基因寓于“红船精神”“井冈山精神”“赣南苏区精神”“长征精神”“延安精神”“西柏坡精神”和“社会主义核心价值观”等中国共产党培育和倡导的精神之中，它是催生和发展这些精神之根本。2016 年 10 月 21 日，习近平总书记在纪念红军长征胜利 80 周年大会上的讲话中曾指出，“人无精神则不立，国无精神则不强。精神是一个民族赖以长久生存的灵魂，唯有精神达到一定高度，这个民族才能在历史洪流中屹立不倒、奋勇向前”。[③] 红色基因则是中华民族近代以来精神高峰上的明珠。

### （二）红色基因的特征

红色基因是共产党人用忠诚、生命、热血和智慧锻造而成，蕴含着共产党人的崇高理想、坚定信念、高尚品德、优良作风等伟大精神，具有显著的特征。

第一，红色基因具有实践性。红色基因的形成过程就是中国共产党领导人

---

① 习近平在庆祝中国共产党成立 95 周年大会上的讲话[N].人民日报，2016－07－02.

② 习近平.习近平谈治国理政(第二卷)[M].北京：外文出版社，2017：183.

③ 习近平在纪念红军长征胜利 80 周年大会上的讲话[N].人民日报，2016－10－22.

民经过革命、建设、改革等不同阶段不断取得胜利的过程。2016 年 7 月 1 日，习近平总书记在庆祝中国共产党成立 95 周年大会上的讲话中指出，“我们党之所以能够经受一次次挫折而又一次次奋起，归根到底是因为我们党有远大理想和崇高追求。95 年来，共产主义远大理想激励了一代又一代共产党人英勇奋斗，成千上万的烈士为了这个理想献出了宝贵生命。‘砍头不要紧，只要主义真’‘敌人只能砍下我们的头颅，决不能动摇我们的信仰’，这些视死如归、大义凛然的誓言生动表达了共产党人对远大理想的坚贞”。[①] 理想信念动摇是最危险的动摇，理想信念滑坡是最危险的滑坡。该讲话中，习近平总书记还指出，“没有先进理论的指导，没有用先进理论武装起来的先进政党的领导，没有先进政党顺应历史潮流、勇担历史重任、敢于做出巨大牺牲，中国人民就无法打败压在自己头上的各种反动派，中华民族就无法改变被压迫、被奴役的命运，我们的国家就无法团结统一、在社会主义道路走向繁荣富强”。这一重要论述充分说明红色基因的重大作用。中华民族实现强起来的征途中，红色基因是定盘星和加速器，不仅能给中国经济和社会发展指明正确方向，提供强大精神动力，而且是中华民族挺起脊梁昂首阔步走向世界舞台中心的重要支撑。这是因为，红色基因不仅蕴含着共产党人的崇高理想和坚定信念，而且蕴含着共产党人探索和把握共产党执政规律、社会主义建设规律和人类社会发展规律的秘诀，还蕴含着共产党唤起中华民族持续觉醒、紧密团结形成磅礴伟力的最先进的武器。

第二，红色基因具有传承性。红色基因的传承和弘扬始终与中国共产党领导人民走过的每一个历史阶段相伴相随。习近平总书记在一系列重要讲话中，强调了红色基因的传承弘扬。一是要把红色基因传承好。习近平总书记多次强调，要利用红色资源，发扬红色传统，讲好红色故事，把红色基因传承好。例如，2018 年 3 月 8 日，他参加十三届全国人大一次会议山东代表团审议时就语重心长地讲道：“红色基因就是要传承。中华民族从站起来、富起来到强起来，经历了多少坎坷，创造了多少奇迹，要让后代牢记，我们要不忘初心，永远不可

① 习近平在庆祝中国共产党成立 95 周年大会上的讲话[N]. 人民日报，2016－07－02.

迷失了方向和道路。”[①]而在2019年8月20日参观中国工农红军西路军纪念馆时,他更是特意提出,要“讲好党的故事,讲好红军的故事,讲好西路军的故事,把红色基因传承好”。[②] 二是要加强革命传统教育。革命传统教育是学习革命历史、培养爱国情怀、传承红色基因的重要举措。习近平总书记对此十分重视,并就如何开展革命传统教育提出了自己的深入思考。2016年4月24日,他在参观安徽省六安市金寨县革命博物馆时指出,“革命传统教育要从娃娃抓起,既注重知识灌输,又加强情感培育,使红色基因渗进血液、浸入心扉,引导广大青少年树立正确的世界观、人生观、价值观”。[③] 三是要开展好“红色基因代代传”工程。习近平总书记十分注重军队红色基因的传承,他不仅在党的十九大报告中提出“传承红色基因、担当强军重任”主题教育,同时多次重申要开展好“红色基因代代传”工程。2016年7月27日,他在视察陆军机关时指出,要“扎实推进‘红色基因代代传’工程,传承和发扬好我党我军光荣传统和优良作风”,[④]并对相关做法给予了高度肯定。例如,2014年4月29日,他在视察驻新疆部队时就讲道:“你们开展的‘红色基因代代传’工程建设,把‘红色基因’融入官兵血脉,这个做法很好。要发扬光荣传统,永葆老红军政治本色。”[⑤]

第三,红色基因具有教育性。2013年6月25日,习近平总书记在中共中央政治局就中国特色社会主义理论和实践进行第七次集体学习讲话中指出,“历史是最好的教科书。学习党史、国史,是坚持和发展中国特色社会主义、把党和国家各项事业继续推向前进的必修课。这门功课不仅必须修,而且必须修好”。2013年7月11日,他在考察西柏坡时曾动情地说:“每到井冈山、延安、西柏坡等革命圣地,都是一种精神上、思想上的洗礼。每来一次,都能受到一次党的性质和宗旨的生动教育,就更加坚定了我们的公仆意识和为民情怀。”历史是最好

---

① 习近平李克强王沪宁赵乐际韩正分别参加全国人大会议一些代表团审议[N].人民日报,2018-03-09.

② 习近平:坚定信心开拓创新真抓实干 团结一心开创富民兴陇新局面[N].人民日报,2019-08-23.

③ 全面落实“十三五”规划纲要 加强改革创新开创发展新局面[N].人民日报,2016-04-28.

④ 在新的起点上加快推进陆军转型建设 努力建设一支强大的现代化新型陆军[N].人民日报,2016-07-28.

⑤ 紧紧围绕强军目标全面加强部队建设 为确保新疆社会稳定和长治久安提供坚强力量支撑[N].人民日报,2014-05-02.

的教科书。对我们中国共产党人来说,中国革命历史是最好的营养剂。中国共产党 90 多年的历史,就是中国共产党人在马克思主义指导下,领导中国人民在革命、建设、改革的伟大实践中,用生命和热血书写的奋斗史、奉献史和发展壮大史,这部波澜壮阔、气势恢宏的历史,充分彰显了红色基因的伟大作用。而新中国的国史,就是中国共产党领导中国人民立国、建国、兴国的历史。学习党史和国史,有助于学习和借鉴党和国家宝贵的历史经验,有助于继承和发扬共产党的伟大精神和优良传统,有助于认识打江山的艰难,增强捍卫江山、建设江山的历史责任感,也有利于认识和把握共产党建设与执政的规律、社会主义建设的规律和人类社会发展的规律。此外,2015 年 12 月 11 日,习近平总书记在全国党校工作会议上还指出,要多讲革命烈士和英雄人物的崇高风范,多讲讲焦裕禄、杨善洲、谷文昌等各条战线优秀干部的模范事迹,多请一些先进模范人物来现身说法,党员、干部可以请,普通群众中的先进模范也可以请。要把革命烈士那些感人至深的文章、诗文、家书编辑成书,用于干部教育,让各级干部常常看、常常思、常常反求己身。同时,要加强警示教育,把一些反面典型跌入违纪违法泥坑的教训给大家说说透,让大家引为镜鉴、自觉自律。

### (三)红色基因的意义

党的十八大以来,习近平总书记更加注重传承红色基因、弘扬优良传统,他强调:“我们党是一个具有长期奋斗历史和优良革命传统的党,也是一个紧跟时代步伐、善于与时俱进的党。党的建设必须坚持继承和创新相结合,结合时代条件发扬党的光荣传统和优良作风。老一辈革命家和老一代共产党人在延安时期留下的优良传统和作风,培育形成的延安精神,是我们党的宝贵精神财富。”[①]传承好红色基因,将之内化为自身的行为准则、精神标识和价值追求,在新时代具有重要的意义。

首先,传承好红色基因,有利于我们深刻认识“什么是红色基因,为什么要传承红色基因,怎么样传承好红色基因”等一系列红色基因的重大理论和现实问题。习近平总书记不断强调:“我们要铭记光辉历史,传承红色基因,在新的

---

① 向全国人民致以新春祝福 祝祖国繁荣昌盛人民幸福安康[N].人民日报,2015-02-17.

起点上把革命先辈开创的伟大事业不断推向前进。”①言犹在耳，时刻鞭策着我们弘扬优良传统、传承红色基因。其次，传承好红色基因，有利于我们深刻认识“为谁培养人，培养什么样的人，怎样培养人”的重大教育问题。最后，传承好红色基因，有利于我们深刻认识“红色政权是怎么来的，新中国是怎么来的，今天的幸福生活是怎么来的”的重大认知问题。习近平总书记多次谈道：“中国共产党不忘初心，全中国人民也要不忘初心，不忘我们的革命宗旨、革命理想，不忘我们的革命前辈、革命先烈，不要忘了我们苏区的父老乡亲们。”②这就进一步增强了全国人民对“把红色基因传承好”的价值观认同和情感认同。

## 二、红色基因的根基：中华优秀传统文化固本培元

党的十九大报告提出，“推动中华优秀传统文化创造性转化、创新性发展，继承革命文化，发展社会主义先进文化，不忘本来、吸收外来、面向未来”。红色基因作为中国共产党领导人民群众在为实现中华民族伟大复兴的不懈奋斗中所形成的一种先进的观念意识形态，离不开中华优秀传统文化的固本培元。

### （一）红色基因离不开中华优秀传统文化的涵养

红色基因的形成得益于深厚的文化底蕴。2016 年 7 月 1 日，习近平总书记在庆祝中国共产党成立 95 周年大会上指出，“在五千多年文明发展中孕育的中华优秀传统文化，在党和人民伟大斗争中孕育的革命文化和社会主义先进文化，积淀着中华民族最深层的精神追求，代表着中华民族独特的精神标识”。③ 正是中华民族独特的历史文化为红色基因的形成提供了肥沃土壤。作为中华民族在五千多年历程中形成的一种文化形态，中华优秀传统文化是中华民族的根和魂，具有重要的教育价值。

第一，中华优秀传统文化是实现中华民族伟大复兴的强大精神力量。党的十八大以来，立德树人作为教育的根本任务成为指导教育改革的重要思想方

① 传承红色基因　担当强军重任[N].人民日报，2018－08－01.
② 不忘初心重整行装再出发[N].人民日报，2019－05－24.
③ 习近平.在庆祝中国共产党成立 95 周年大会上的讲话[N].人民日报，2016－07－02.

略。党的十九大重申了这一重要论断,并对未来一个时期教育的改革发展指明了方向。十九大报告强调,“建设教育强国是中华民族伟大复兴的基础工程,必须把教育事业放在优先位置,深化教育改革,加快教育现代化,办好人民满意的教育。要全面贯彻党的教育方针,落实立德树人根本任务,发展素质教育,推进教育公平,培养德智体美全面发展的社会主义建设者和接班人。中国特色社会主义文化源自中华民族五千多年文明历史所孕育的中华优秀传统文化,熔铸于党领导人民在革命、建设、改革中创造的革命文化和社会主义先进文化,植根于中国特色社会主义伟大实践”。以习近平同志为核心的党中央大力传承中华优秀传统文化,赋予中华优秀传统文化时代内涵,运用中华优秀传统文化治国理政,阐发中华优秀传统文化应对国内外重大挑战,将中华优秀传统文化转化为实现中华民族伟大复兴、构建“人类命运共同体”的强大精神力量,有力凝聚了民族精神,得到全世界中华儿女高度认同。

第二,中华优秀传统文化教育是建设社会主义先进文化的重要基础。2014年3月,国家教育部颁发的《完善中华优秀传统文化教育指导纲要》(以下简称《纲要》)指出,“加强中华优秀传统文化教育,是深化中国特色社会主义教育和中国梦宣传教育的重要组成部分。中国特色社会主义道路是在对中华民族五千多年悠久文明的传承中走出来的,具有深厚的历史渊源和广泛的现实基础。加强中华优秀传统文化教育,对于引导青少年学生更加全面准确地认识中华民族的历史传统、文化积淀、基本国情,认清中国特色社会主义的历史必然性,坚定走中国特色社会主义道路,实现中华民族伟大复兴中国梦的理想信念,具有重大而深远的历史意义。加强中华优秀传统文化教育,是构建中华优秀传统文化传承体系,推动文化传承创新的重要途径。当今世界,文化在综合国力竞争中的地位和作用更加凸显,越来越成为民族凝聚力和创造力的重要源泉,博大精深的中华优秀传统文化是我们在世界文化激荡中站稳脚跟的根基。青少年学生是祖国的未来,民族的希望,加强对青少年学生的中华优秀传统文化教育,对于培养中华优秀传统文化的继承者和弘扬者,推动文化传承创新,建设社会主义先进文化具有基础作用。加强中华优秀传统文化教育,是培育和践行社会主义核心价值观,落实立德树人根本任务的重要基础。世界多极化、经济全球化深入发展，国内经济社会转轨转型，深刻变革，现代传播技术迅猛发展，世界范围内各种思想文化的交流交融交锋更加频繁，社会思想观念日益活跃。青少年学生思想意识更加自主，价值追求更加多样，个性特点更加鲜明，社会上一些不良思想倾向和道德行为，对青少年学生健康成长产生了不容忽视的影响。加强中华优秀传统文化教育，对于引导青少年学生增强民族文化自信和价值观自信，自觉践行社会主义核心价值观具有重要作用”。针对如何进行中华优秀传统文化教育，《纲要》从分学段有序推进中华优秀传统文化教育，把中华优秀传统文化教育系统融入课程和教材体系，全面提升中华优秀传统文化教育的师资队伍水平，着力增强中华优秀传统文化教育的多元支撑与加强中华优秀传统文化教育的组织实施和条件保障等几个方面给出指导意见，并强调打造一支中华优秀传统文化教育骨干队伍，加强面向全体教师的中华优秀传统文化教育培训，增加中华优秀传统文化培训内容，提高各级各类学校教师开展中华优秀传统文化教育的能力。

第三，中华优秀传统文化教育是德育工作的必然要求。2017 年 8 月，教育部颁发的《中小学德育工作指南》（以下简称《指南》）指出，“开展家国情怀教育、社会关爱教育和人格修养教育，传承发展中华优秀传统文化，大力弘扬核心思想理念、中华传统美德、中华人文精神，引导学生了解中华优秀传统文化的历史渊源、发展脉络、精神内涵，增强文化自觉和文化自信”。中华优秀传统文化教育的实施途径与要求是：第一，课程育人，“充分发挥课堂教学的主渠道作用，将中小学德育内容细化落实到各学科课程的教学目标之中，融入渗透到教育教学全过程”；第二，文化育人，“要依据学校办学理念，结合文明校园创建活动，因地制宜开展校园文化建设，使校园秩序良好、环境优美，校园文化积极向上、格调高雅，提高校园文明水平，让校园处处成为育人场所”；第三，活动育人，“要精心设计、组织开展主题明确、内容丰富、形式多样、吸引力强的教育活动，以鲜明正确的价值导向引导学生，以积极向上的力量激励学生，促进学生形成良好的思想品德和行为习惯”；第四，实践育人，“要与综合实践活动课紧密结合，广泛开展社会实践，每学年至少安排一周时间，开展有益于学生身心发展的实践活动，不断增强学生的社会责任感、创新精神和实践能力”；第五，管理育人，“要积极推进学校治理现代化，提高学校管理水平，将中小学德育工作的要求贯穿于学校管理制度的每一个细节之中”；第六，协同育人，“要积极争取家庭、社会共同参与和支持学校德育工作，引导家长注重家庭、注重家教、注重家风，营造积极向上的良好社会氛围”。

### （二）高度重视青少年对红色基因的传承

习近平总书记高度重视青少年对红色基因的传承，2014 年 5 月 30 日，他在庆祝“六一”国际儿童节讲话时指出，“少年儿童是祖国的未来，是中华民族的希望”。正如梁启超在《少年中国说》中所说的，少年智则国智，少年富则国富，少年强则国强，少年进步则国进步。习近平总书记在党的十九大报告中也指出，“青年兴则国家兴，青年强则国家强。青年一代有理想、有本领、有担当，国家就有前途，民族就有希望。中国梦是历史的、现实的、也是未来的；是我们这一代的，更是青年一代的。中华民族伟大复兴的中国梦终将在一代代青年的接力奋斗中变为现实”。

社会主义核心价值观是红色基因在社会主义价值观中的集中体现。习近平总书记把传承红色基因与加强社会主义核心价值观建设、加强青少年的思想道德建设联系在一起进行论述。

习近平总书记把青少年的思想道德建设比喻成人生第一粒扣子。他指出，“如果第一粒扣子扣错了，剩余的扣子都会扣错。人生的扣子从一开始就要扣好。‘凿井者，起于三寸之坎，以就万仞之深。’少年儿童要从小学习做人，争当学习和实践社会主义核心价值观的小模范；青年要从现在做起、从自己做起，使社会主义核心价值观成为自己的基本遵循，并身体力行大力将其推广到全社会去”。

习近平总书记对少年儿童培育和践行社会主义核心价值观提出的要求是，“要把社会主义核心价值观的基本内容熟记熟背，融化在心里、铭刻在脑子中；要学习英雄人物、先进人物、美好事物，在学习中养成好的思想品德追求；要从自己做起、从身边做起、从小事做起，一点一滴积累，养成好思想、好品德；要听得进意见，受得了批评，在知错就改、越改越好的氛围中健康成长”。

习近平总书记提出，广大青年要在实现中国梦的生动实践中放飞青春梦想，在为人民利益的不懈奋斗中书写人生华章。为此，他要求广大青年要坚定理想信念，练就过硬本领，勇于创新创造，矢志艰苦奋斗，锤炼高尚品格，扎扎实实干事，踏踏实实做人。

### （三）加强学生理想信念教育

学生的理想信念教育具有鲜明的个体价值和社会价值，打造高质量的理想信念教育是学校教育变革的重要任务，也是时代发展赋予学校的神圣使命。当下的学校理想信念教育必须以党的十九大精神和习近平总书记关于青年学生成长成才的一系列重要论述为引领，针对系统性和整合性不够、阶段性和针对性不够两大核心问题，努力实现体制、机制、理念、方法的创新。通过“党团队一体化”的学生理想信念教育机制建构和区域教育资源的有效整合与利用，真正提升理想信念教育的有效性。

理想信念是人们对美好未来的预期和坚定不移的追求，是人的精神之“钙”。在我国经济社会发展进入新常态、新时代的重要历史时期，理想信念的培育及其引领被赋予了越来越鲜明的时代意义、政治意义和教育意义。学校是理想信念教育的关键场域，如何针对现实问题，通过体制、机制、理念、方法的创新，提升理想信念教育的有效性，是每一所学校都应该认真思考的问题。习近平总书记强调，不管是小学，还是中等教育和高等教育，都必须要在思想品德修养上下功夫，引导学生践行社会主义核心价值观，踏踏实实修好品德，成为有大爱、大德、大情怀的人。近年来，通过学区化办学的有效实践和探索，教育资源的有效整合利用和教育机制的持续创新，我校形成了基于区域资源整合的“党团队一体化”理想信念教育模式，有效提升了学生的理想信念。

#### 1. 重识学生理想信念教育的当代价值

之所以要强调学生理想信念教育，其根本的原因就在于这种独特的教育形式在当代社会依然存在重要价值。

第一，学生理想信念教育的个体价值。对青少年学生进行理想信念教育，应该聚焦和发扬其个体价值。理想信念是一个人的精神支柱和动力源泉，在青少年学生的成长成才过程中，理想信念起着重要的导向、激励和支撑作用，具体体现在三个方面：其一，坚定的理想信念能够为青少年的发展提供内在的精神动力,理想信念一经形成,会产生强大的精神动力,推动和引导人们的行为实践;其二,坚定的理想信念有助于青少年筑牢自己的精神家园,避免在文化的冲击和价值观的冲突中导致精神世界的沉沦;其三,坚定的理想信念有助于青少年个体理想的实现,通过理想信念教育,能够引导青少年自觉将个人理想融入社会理想,在为社会发展的奋斗中成就个人价值。

第二,学生理想信念教育的社会价值。在经济全球化的时代背景下,国家和区域之间的交流合作越来越成为一种常态,但是国家和区域间的竞争依然存在,这种竞争不仅体现在经济、政治领域,也体现在文化和意识形态领域。在这样的时代背景下,青少年理想信念教育具有鲜明的社会价值。其一,加强学生理想信念教育,有助于增强青少年对中国特色社会主义的道路认同、道路自觉和道路自信。其二,加强理想信念教育,有助于弘扬中国精神。中国精神本质上是以爱国主义为核心的民族精神和以改革创新为核心的时代精神,把青年理想信念教育渗透其中,有助于凝聚人心,鼓舞士气。其三,加强学生理想信念教育,有助于强化青少年的责任意识、服务意识、大局意识。

2. 聚焦学生理想信念教育的关键问题

实践表明,理想信念教育的是否有效关键是能否满足学生的真实需要,能否聚焦学生理想信念教育存在的关键问题。我校已经就学生理想信念教育进行了多年探索,取得了一些成绩,如注重学校内外优秀文化的启迪,夯实学生理想信念教育的根基;通过项目和活动的驱动,丰富学生理想信念教育的形式等,但通过调查发现,理想信念教育依然存在以下两方面的关键问题。

第一,理想信念教育的系统性和整合性不够。例如,上海市徐汇区田林街道共有十所中小学,区域有着丰富的德育教育资源,但调查发现,区域十所学校的理想信念教育更多的是“单兵作战”,每个学校采取的理念和方式不尽相同,这一方面导致了区域学校理想信念教育整体质量的不平衡;另一方面也没有很好地整合和有效利用区域资源,导致理想信念教育的内容和形式受到制约。由此,着眼于学生理想信念教育的优化,应该注重区域层面的资源整合,建构区域联动合作的有效机制。

第二,理想信念教育的阶段性和针对性不够。尽管不同学段都有着学生理想信念教育的共同任务，但是，因为学生成长的阶段特征非常明显，不同学段的理想信念教育在内容、方式和具体目标的设计上应该有所不同。但是问卷调查发现，学生的理想信念教育内容和方式在不同学段上有很大的雷同性，没有很好地满足不同学段学生理想信念教育的现实需要，导致理想信念教育的针对性和有效性不强。由此，必须结合不同学段学生的身心发展特点，将理想信念教育与学生的成长阶段性有机结合，通过教育机制和载体的创新，打造适应学生成长需要的理想信念教育新方式。

3. 实现学生理想信念教育路径的创新

学生理想信念教育的创新，既是时代发展的必然要求，也是学生成长成才的必然选择。近年来，西南位育中学联合片区其他学校，通过“党团队一体化”的理想信念教育机制建构和校内校外教育资源有机整合的理想信念教育方式创新，打造了具有区域特色的学生理想信念教育操作体系。

第一，建构“党团队一体化”的理想信念教育机制。学生的成长具有阶段性特征，学生的理想信念教育在每一个阶段也应该有不同的着力点。学校依托少先队、共青团和青年党校，构筑了从小学到高中“党团队一体化”的学生理想信念教育机制，努力通过教育让学生依次迈上队、团、党三个成长台阶，呈现出优秀青少年的成长足迹，强化青少年的理想信念。针对小学阶段的学生，主要强化基本的爱国家、爱上海、爱学校的意识，通过少先队组织的引领，保持和激发学生朴素的家国情怀，帮助他们认识到理想信念的重要意义；针对初中阶段的学生，主要做好团、队的联动和衔接，通过举办少年团校、团员发展大会等，进一步强化中学生的理想信念，树立为国家、为民族、为自己的未来努力学习、积极进取的精神；针对高中阶段的学生，着力实现从团校到青年党校的提升，结合党的最新精神和理念，汇聚党支部、年级组、班主任和校团委的合力，通过三年循序渐进的教育和课堂教学与实践活动的双向互动，抓实爱党、爱国教育这个核心环节。同时依托青年党校，通过宣传优秀共产党员事迹、家长党员进课堂、微型党课大赛等方式，进一步向青年学子传递党的知识，扩大党组织的影响力和感召力。通过“党团队一体化”学生理想信念教育机制的建构，学校形成了从小学到高中的阶段性、层次性、主题性鲜明的完整链条，有效解决了学生理想信念教育阶段性不突出、内容重合的问题，增强了理想信念教育的针对性和有效性。

第二，实现区域资源有效整合的理想信念教育方式。理想信念教育是否有效，是否能深入学生的内心世界，教育的方式和内容是否具有丰富性、灵活性和选择性非常重要。近年来，基于徐汇区德育教育的整体规划发展，由西南位育中学牵头，以“德润田林”项目为抓手，依托区域优质的传统文化资源，通过区域协同联动机制的创新，打造了基于区域资源整合的理想信念教育路径。一是确立协同合作目标。通过智慧共享、特色并呈、协同发展、互相借鉴、研训联动、资源共享等，形成区域学生德育教育的整体效应和区域性特色，促使学区内各级各类学校形成学生理想信念教育的横向借鉴联动、策略共享，纵向分层巩固、递进对接的协同创新实施机制，从实践上为学生理想信念教育的实施提供实践样本，为立德树人工作的改革创新贡献力量。二是梳理协同合作内容。在上述协同目下，学区内各学校围绕学生理想信念教育这一主题，依托传统文化，在下列方面实现学区协同：学区学生道德教育目标的系统化顶层设计；学区学生理想信念教育资源的统筹化联合共享；学区学生理想信念教育课程的精品化合作开发；学区理想信念教育师资的专题化共同研修；学区学生理想信念教育评价的一体化衔接贯穿。同时，推进习近平新时代中国特色社会主义思想进教材、进课堂、进头脑，并转化为学区学生的自觉行动。结合中国特色社会主义进入新时期的国情，学区各中小学在原有的少年队校、初中团校和青年党校的基础上，建立“中国特色社会主义理论学习链，同时引入高校、社区的资源，利用组织优势，强化组织观念，建立“党团队一体化”的理想信念培育的有效方略。

习近平总书记在十九大报告中指出，“青年一代有理想、有本领、有担当，国家就有前途，民族就有希望”。我们要牢记使命，抓好理想信念教育，通过体制、机制、、理念、方法的持续创新，为学子奏响生命成长的主旋律。只有如此，才能更好地承担起时代发展赋予的教育责任，才能实现学校教育变革的多重价值。

## 三、红色基因的特质：生命成长的关键问题

中国特色社会主义进入新时代，培养能够担当民族复兴大任的时代新人，就要运用红色基因的特质解决生命成长的关键问题。其中，实现校内外

贯通，利用场馆资源开展中华优秀传统文化教育，创新红色基因教育方式方法，是运用红色基因铸魂育人的重要一环。中学要以培育和践行社会主义核心价值观，传承中华优秀传统文化，加强红色基因教育为导向，系统设计、合理整合区域内外德育资源，积极探索利用各类场馆资源推进红色基因教育的方法与路径。

### （一）以学生发展为本，构建初高中一体化的红色基因教育的目标序列

红色文化教育要摈弃“头疼医头、脚疼医脚”的问题导向思路，坚持目标导向与问题导向相结合，在扎实的学理研究基础上，架构初高中各年级纵向有序衔接的中华优秀传统文化和红色文化教育目标体系。

例如，徐汇区西南位育中学根据布卢姆教育目标分类学等目标分类理论，在参考《上海市学生民族精神教育指导纲要（试行）》（沪教委德〔2005〕20 号）、《完善中华优秀传统文化教育指导纲要》、《中共上海市教育卫生工作委员会上海市教育委员会关于完善中华优秀传统文化教育长效机制的实施意见》（沪教委德〔2014〕35 号）等文件的基础上，根据初高中不同学段学生的身心特点，在多学科教师的参与下，形成了中华优秀传统文化教育和红色文化教育目标序列。

**表 1－1　西南位育中学中华优秀传统文化教育和红色文化教育目标体系**

| 年级 | 活动目标 |
| --- | --- |
| 预初 | 初步了解我国悠久的历史文化；了解民族重大传统节日的文化内涵；懂得表达感恩；懂得尊老爱幼是我国的传统美德；懂得同学之间应团结友爱，互相合作，平等相处；力所能及地参加身边的公益活动。 |
| 初一 | 学习欣赏、尊重优秀文明成果和文化习俗；能分担父母的辛劳，用力所能及的行动来孝敬父母长辈；关心弱势群体；尊重、帮助他人；体会“己所不欲，勿施于人”的道理；学会宽容待人。 |
| 初二 | 深入了解民族优秀传统节日的丰富内涵；学会欣赏他人；理解与人交往的基本原则，懂得与人和谐相处；学会尊重、关心、爱护、帮助他人；懂得对人守信、对事负责，努力做诚信的人；了解传统文化中的“荣辱观”。 |

（续表）

| 年级 | 活动目标 |
| --- | --- |
| 初三 | 积极践行优秀传统礼仪，参与优秀文化活动；尊重、帮助他人；体会“己所不欲，勿施于人”的道理；发扬艰苦朴素、勤俭持家的优良传统，树立适度、合理的生活消费观。 |
| 高一 | 深入了解各族人民为文明传承发展做出的重大贡献，理解中华文明特质以及世界文明的多样性；树立为祖国而学习的责任意识和使命感；积极参加社会公益活动。 |
| 高二 | 珍惜祖国文化遗产；理解团结统一、爱好和平、勤劳勇敢、自强不息的民族精神内涵；践行“己所不欲，勿施于人”；践行中华传统美德，修身律己，诚实守信。 |
| 高三 | 系统认识中华文明的悠久性、包容性、发展性；懂得欣赏并汲取优秀文化成果，热爱文化遗产；坚定民族复兴信心，以中华复兴为使命；了解、践行忠恕之道；树立“贫贱不移、富贵不淫、威武不屈”的人格追求。 |

西南位育中学从知识与技能、过程与方法、情感态度与价值观三个维度，依据初高中各年级学生的成长规律，界定中华优秀传统文化教育和红色文化教育目标，为中华优秀传统文化教育和红色文化教育行动指明了方向。

### （二）探索红色基因教育实施的课内外贯通之路

各学科教学是中华优秀传统文化教育和红色文化教育的主要阵地，应当贯通衔接校内外、课内外教育资源，充分加强场馆资源与基础型、拓展型、研究型三类课程实施之间的有机融合、相互拓展。具体来说，以历史学科为突破口，尝试学校与场馆合作，真正使场馆成为课堂教学的延伸。

《上海市中学历史课程标准（试行稿）》提出，“培育民族精神，树立现代意识”“多维度构建历史课程框架”“研究性学习与接受性学习相结合”。西南位育中学全面梳理初中与高中的历史教材，结合研究主题和各类场馆的资源特点设计教学专题，将历史教学的课堂“搬进”各场馆，让场馆成为历史教学的校外大课堂。

表 1－2　西南位育中学历史教学专题

| 序号 | 课题名称 | 建议学段 | 场馆名称 |
| --- | --- | --- | --- |
| 1 | 从清明上河图看北宋商业与城市生活 | 初中 | 上海世博会纪念馆 |
| 2 | 古代瓷器发展史 | 初中 | 上海世博会纪念馆 |
| 3 | 探究元代水闸与航海的关系 | 高中 | 上海元代水闸遗址博物馆 |
| 4 | 论印刷术对人类文明的影响 | 初中 | 上海印刷博物馆 |
| 5 | 从古代中国对外关系史看郑和下西洋 | 初中、高中 | 上海郑和研究中心 |
| 6 | 文明交流背景下的徐光启 | 初中、高中 | 徐光启纪念馆 |
| 7 | 浅谈上海四大古镇 | 初中、高中 | 上海四大古镇(嘉定镇、松江镇、朱家角镇、南翔镇) |
| 8 | 科举制利弊之我见 | 初中、高中 | 上海嘉定孔庙 |
| 9 | 鸦片战争中的吴淞口 | 初中、高中 | 上海吴淞炮台湾湿地公园 |
| 10 | 走进陈化成,解读《血战吴淞口》 | 初中、高中 | 陈化成纪念馆 |
| 11 | 浅谈上海小刀会起义 | 初中、高中 | 上海豫园点春堂 |
| 12 | 李鸿章及其自强企业遗址考察 | 高中 | 上海轮船招商总局旧址<br>上海江南机器制造总局工业遗址<br>上海广方言馆 |
| 13 | 吴淞铁路始末 | 初中、高中 | 吴淞铁路旧址 |
| 14 | 《时务报》与戊戌变法的演进 | 高中 | 《时务报》编辑部旧址 |
| 15 | 宋庆龄的人生价值观 | 高中 | 宋庆龄陵园 |
| 16 | 宋氏家族六子女教育给我们的启示 | 高中 | 宋庆龄陵园 |
| 17 | 宋庆龄与中国民权保障同盟 | 高中 | 宋庆龄陵园 |
| 18 | 宋庆龄与新中国妇女儿童事业的发展 | 高中 | 宋庆龄陵园 |
| 19 | 宋庆龄与七君子事件 | 高中 | 宋庆龄陵园 |
| 20 | 国共第一次合作的实现 | 高中 | 孙中山故居 |
| 21 | 五四运动中的孙中山 | 高中 | 孙中山故居 |
| 22 | 《申报》史料价值探析 | 高中 | 《申报》编辑部旧址 |
| 23 | 在新文化运动中的陈独秀 | 高中 | 《新青年》编辑部旧址与陈独秀旧居 |
| 24 | 新文化运动对民主的阐述与构建 | 高中 | 《新青年》编辑部旧址与陈独秀旧居 |
| 25 | 《新青年》的发展进程和历史贡献 | 高中 | 《新青年》编辑部旧址与陈独秀旧居 |

（续表）

| 序号 | 课题名称 | 建议学段 | 场馆名称 |
|---|---|---|---|
| 26 | 论共产国际代表对创建中国共产党的贡献 | 高中 | |
| 27 | 论中共一大会议在上海召开的原因 | 高中 | |
| 28 | 论五四运动对创建中国共产党的影响 | 高中 | 中共一大会址 |
| 29 | 论陈独秀在建党过程中的作用 | 高中 | |
| 30 | 论马克思列宁主义与中国工农运动相结合 | 高中 | |
| 31 | 论第一个中文版《共产党宣言》的诞生 | 高中 | |
| 32 | 中共一大、中共二大纲领之比较 | 高中 | 中共二大会址 |
| 33 | 论中共二大召开的原因 | 高中 | |
| 34 | 烈士精神传承对学生成长的意义 | 初中、高中 | |
| 35 | 烈士陵园在社会主义核心价值观培育和传承中的作用 | 初中、高中 | |
| 36 | 编写一部适合中小学生参观学习的烈士事迹解说读本 | 初中、高中 | 龙华烈士陵园 |
| 37 | 烈士陵园仪式活动参与感悟的调查分析 | 初中、高中 | |
| 38 | 抗战老兵的口述采访 | 高中 | |
| 39 | 姚子青与宝山 | 高中 | 上海淞沪抗战纪念馆 |
| 40 | 童子军与淞沪抗战 | 初中、高中 | |
| 41 | 朱耀章遗诗的理解 | 初中、高中 | |
| 42 | 四行仓库八百壮士精神意义 | 初中、高中 | 上海四行仓库 |
| 43 | 谢晋元的抗战精神 | 高中 | 谢晋元墓 |
| 44 | 亲历者回忆:1949 年解放上海 | 初中、高中 | 上海解放纪念馆 |
| 45 | 中国解放军解放上海战术研究 | 初中、高中 | |
| 46 | 走进上海电影 | 初中、高中 | 上海电影博物馆 |
| 47 | 蔡元培和他的教育思想 | 初中、高中 | 蔡元培故居 |
| 48 | 我了解的陶行知 | 初中、高中 | 陶行知故居 |
| 49 | 黄炎培对近代教育的贡献 | 初中、高中 | 黄炎培故居 |

（续表）

| 序号 | 课题名称 | 建议学段 | 场馆名称 |
|---|---|---|---|
| 50 | 陈云与评弹 | 初中、高中 | 陈云故居暨青浦革命历史纪念馆 |
| 51 | 陈云与“一五”计划 | 初中、高中 | |
| 52 | 青浦的骄傲 | 初中、高中 | |
| 53 | 陈云的计划与市场关系问题思考 | 初中、高中 | |
| 54 | 陈云与遵义会议 | 初中、高中 | |
| 55 | 1924年，毛泽东在上海 | 初中、高中 | 毛泽东故居 |
| 56 | 走进上海五四农场 | 初中、高中 | 上海五四农场博物馆 |
| 57 | 上海浦东开发 | 初中、高中 | 上海浦东开发陈列馆 |

为了使历史专题教学适合不同年龄阶段学生的特点，学校和各场馆从分析学生的需求入手，明确活动目标，齐心合力设计教学方案，精心设计教学环节，从而激发了学生参与教学的主动性，提高了学生学习历史的兴趣。

### （三）依托场馆资源开展红色基因研习活动

用红色基因铸魂育人，实践活动是重要一环。西南位育中学实施的“进馆有益”是暑期常规活动之一，旨在加强学生对中华优秀传统文化的了解，践行社会主义核心价值观，培养创新精神、实践能力和社会责任感。该项目由博雅网和上海市中小学德育研究协会提供场馆支持，学校配备专业的科技指导教师进行辅导和落实，学生自由组队申报研究题目，针对与其研究题目有关的场馆进行实地学习和考察，并利用学校或高校实验室进行科学研究，最后形成规范的科研论文。以2015年“进馆有益”项目为例，共确定微课题29个，覆盖文化与艺术、自然与环境等多个领域，学生利用暑期完成课题，合作撰写论文，切实提高了学生的学科素养。

“进馆有益”微课题研究活动得到了社会各界、各个学校以及学生家长的欢迎。针对学生的课题内容，学校提供专业的实验室和实验材料给予大力支持，使学生的研究更为规范，让学生在社会践行中体会中国传统文化。校外场馆对学生的参观也给予了大力支持，不仅免去了参观的费用，还提供了有关的科研材料。学生家长也表示，孩子在假期中参加这样的活动，有利于进一步锻炼孩子的实践与探究能力,提高综合素质。

学校还充分利用区域和全市的场馆资源,开展各类活动,如预初年级参观徐光启纪念馆,初一年级参观上海消防博物馆,初二年级参观上海市禁毒科普教馆,高一年级参观中国馆,高二年级参观上海博物馆,学生会与团委的成员参观四行仓库,接受爱国主义教育。

### (四)加强校际联动,实现学区红色教育基地资源共享

加强校际联动,实现学区红色教育基地资源共享,是加强红色文化教育的重要举措。以上海市徐汇区为例,在教育局的协调下,形成了田林虹梅学区中华优秀传统文化实施的协同工作机制,成立了由徐汇区教育局领导、田林社区领导、学区各学校领导等组成的田林学区协同推进中华优秀传统文化教育工作委员会。该委员会定期召开联席工作会议,审议、制订学区协同推进中华优秀传统文化教育的各项重大事宜。协同工作机制的成立,不仅使学区内各学校的中华优秀传统文化教育的舞台延伸到校外,充分利用了社区资源,而且也发挥了本校作为学区内的龙头学校对其他学校的带动与辐射作用。

推进三类基地建设,实现资源共享。一是设立学校特色基地,将各校特色项目向全学区开放;二是利用学区内的资源建设红色教育基地,如利用漕河泾开发区的IT企业进行中华传统文化的当代价值展示教育;三是利用徐汇区丰富的人文资源建设人文教育基地,如与徐汇区文化局联动设立校外实践教育体验基地,与上海市隧道工程轨道交通设计研究院、上海核工程研究设计院、田林街道、上海市环境科学研究院相互合作,实现区域资源的共享和充分利用。

只有充分利用社会场馆资源,动员社会教育力量,才能为中华优秀传统文化教育和红色文化教育的深入、可持续地推进提供资源保障。加强红色基因铸魂育人,应当继续完善红色文化教育的目标框架,加强课内外相互衔接、校内外贯通的校馆合作机制建设,形成可操作性强、具有可推广性的馆校合作推进中华传统优秀文化教育和红色文化教育的实施体系。

# 第二章　溯红源：红色基因教育的现状分析

习近平总书记多次强调传承红色基因的重要性，2019 年 8 月 20 日，在甘肃省张掖市高台县参观中国工农红军西路军纪念馆时强调，“红色基因只有在代代相传中才能焕发光芒，价值坐标只有牢牢锚定才不会迷失方向。让红色基因代代相传，就要把红色火种播进一代代年轻人的心中，成为他们前行的动力”。① 教育的根本任务在于立德树人，中学生作为基础教育阶段的重要教育主体，是实现中华民族伟大复兴中国梦的后备力量，其理想信念的教育、爱国主义情怀的培养、价值观念的养成都要予以足够的重视。红色文化具有丰富的价值和强大的教育功能，将红色基因教育融入中学教育，有助于增强学生的理想信念，培养爱国主义情怀，树立正确的价值观念；有助于丰富学校文化育人的内容，形成良好的育人氛围；有助于增强文化自信，确保我们的红色基因代代相传。因此，了解红色基因融入中学教育的现状，分析影响中学传承红色基因的主要因素，明晰红色基因融入中学教育的问题，寻找推动红色基因融入中学教育的着力点，提出红色基因融入中学教育的对策，是十分必要的。

## 一、红色基因融入中学教育的现状

“青少年阶段是人生的‘拔节孕穗期’，最需要精心引导和栽培。”②只有在青少年时期进行红色基因教育的渗透，在未来才能有收成。《中共中央国务院关于深化教育教学改革全面提高义务教育质量的意见》指出，“坚持立德树人，着力培养担当民族复兴大任的时代新人”。《上海教育现代化 2035》指出，“努

① 王路.把红色基因一代代传承下去[N].上饶日报，2019－08－28.

② 吴晶，胡浩.习近平主持召开学校思想政治理论课教师座谈会强调　用新时代中国特色社会主义思想铸魂育人　贯彻党的教育方针落实立德树人根本任务　王沪宁出席[J].人民教育，2019(7)：6－8.

力培养具有中国情怀、上海精神、全球视野的社会主义事业建设者和接班人”，要将“红色文化、海派文化、江南文化有机融入育人过程”。随着红色基因主题教育工作委员会成立以及上海市大中小学生“四史”学习教育活动的启动，在青少年的成长教育中厚植红色基因也开启了新篇章。为了了解红色基因融入中学教育的现状，我们开展了此次问卷调查。

### （一）问卷的设计及调研情况

问卷主要围绕中学生对红色文化的认知情况、中学教师对红色文化的认知情况、中学教育课程对红色文化传承的情况、中学校园活动对红色文化传承的情况、中学课外实践对红色文化传承的情况这五个方面进行设计。针对学生和教师两个群体，我们分别设计了不同的题目。学生调查问卷主要包括学生的年级、政治面貌、是否接触和了解红色文化基本知识、对红色文化教育的认同程度、参加过何种形式的红色文化校园活动和课外实践、红色文化教育对学生成长的意义、学生对红色文化融入中学教育形式的偏好等。教师调查问卷主要包括教师的任教课程、专业背景、是否了解和关心红色文化基本知识、对红色文化教育的认同程度和重视程度、对影响红色文化基因传承的因素的看法、对优化校园红色文化教育的建议等。此次问卷的发放采取网络调查的方式进行，共回收有效问卷 254 份，其中学生调查问卷有 159 份，教师调查问卷有 95 份。

### （二）学校红色文化的传承状况

#### 1. 中学生对红色文化的认知情况

学生对红色文化的认知情况是我们了解现有红色文化教育开展效果的基础，包括学生对红色文化基本知识的了解程度、对红色文化教育的情感态度、对红色文化教育的形式偏好等。参与问卷调查的学生共有 159 名，初中年级的学生占 54.09%，高中年级的学生占 55.91%。在学生基本政治面貌的情况中，少先队员占 54.09%，共青团员占 29.56%。

（1）学生对红色文化基本知识的了解和接触情况的调查

从接触红色文化资源的情况来看，学生主要通过红色歌曲、红色书籍、红色影视剧等渠道了解红色文化。数据统计显示，熟悉红色影视剧及音乐的学生比例基本超过 50%，如学生熟悉歌曲《我和我的祖国》的比例达到了 98.74%，熟悉《闪闪红星》《建国大业》等红色影视剧的比例接近 75%；而选择红色书籍的学生比例低于 50%，如选择《红色家书》的学生比例只有 16.35%。这说明，在红色资源学习的选择中，学生更偏向于观看红色影视剧，而阅读红色书籍的相对较少。

从了解红色教育基地的情况来看，数据统计显示，学生基本了解著名的红色教育基地，如中共一大会址、延安革命纪念馆、井冈山革命博物馆、遵义会议纪念馆、人民英雄纪念碑、长征革命遗址遗迹等。其中，了解中共一大会址的学生比例最高，为 86.79%；了解人民英雄纪念碑等著名红色教育基地的学生比例也超过 80%。

从对学生参观过的红色文化遗址的情况来看，统计数据显示，50.31%的学生参观过 1—2 个红色文化遗址或烈士墓园，47.8%的学生参观过 3 个及以上的红色文化遗址或烈士墓园，只有 1.89%的学生没有去过这些地方。在特殊的节日，如清明节，86.16%的学生会进行清明祭扫以缅怀革命先烈等。在国庆期间，98.74%的学生观看了国庆阅兵仪式。在参与军训或军营生活的情况调查中，91.19%的学生表示参加过。

从了解红色基因内涵的情况来看，大部分学生基本了解井冈山精神、延安精神、西柏坡精神、长征精神、红船精神、“两弹一星”精神、航天精神、抗震救灾精神、北京奥运精神、西迁精神等，选择“了解”或“基本了解”的学生比例都超过了 85%，其中了解井冈山精神、延安精神、西柏坡精神、长征精神、红船精神等的学生比例达到 98.74%。

上述数据统计表明，总体来看，当今中学生对于红色文化基本知识有一定了解，这为开展红色基因教育奠定了较为坚实的认知基础。

（2）学生对红色文化教育的情感态度的调查

对于红色文化教育，大部分学生持积极肯定的态度。调查显示，大部分学生肯定了红色文化融入中学教育的意义。在被问及“您认为红色基因教育对您的成长有哪些方面的意义”时，绝大部分学生们表示能够更加坚定理想信念（91.19%），增强爱国主义（97.48%），深入了解历史文化（93.08%），切身感受革命精神(91.82%),激发艰苦奋斗精神(91.19%)等,但是也有15.09%的学生认为没有什么特别收获。这说明红色文化教育需要在方式方法上进行创新。

在被问及“您多久参加一次红色基因的活动”时,59.12%的学生表示一学期至少参与一次红色文化教育活动,17.61%的学生一学期参与两次,14.47%的学生一学期参与三次及以上,8.81%的学生没有参加过。

在被问及“您经常浏览一些红色教育资源的网站吗”的问题时,60.38%的学生表示偶尔浏览,27.67%的学生经常浏览,11.95%的学生不浏览。这也从侧面说明,学生会利用网络资源进行红色文化的学习,但是大部分学生还没有形成习惯,只是偶尔浏览一下。

在被问及“您使用过‘学习强国’手机软件吗”的问题时,总的来看,使用“学习强国”的学生占比为81.77%,而几乎不用和没有听过的学生占比18.23%。这说明红色教育类学习软件的利用率还有提升空间。

在被问及“您觉得自己的哪些行为传承了红色精神”这个问题时,89.31%的学生表示参加过少年先锋队的入队仪式,86.16%的学生表示做过小志愿者或参与过志愿活动,83.02%的学生表示参与过重大灾难或疫情的爱心募捐。此外,学生还认为,帮助老人过马路等助人行为,争当校园升旗手和鼓号队员,参加共青团入团仪式和宣誓等行动都传承了红色精神。

(3) 学生对红色文化融入中学教育模式期望的调查

在红色文化融入中学教育模式期望调查中,大部分学生更加偏向轻松愉快的红色文化教育模式。在被问及“您更愿意参加以下哪些形式的红色文化教育活动”的问题时,73.58%的学生选择红色文化影视和音乐欣赏,65.41%的学生选择红色文化的户外研学活动,59.75%的学生选择革命爷爷的红色故事宣讲,59.12%的学生选择红色文化类主题班会活动。这四项活动相对更受学生欢迎。

综上所述,学生对红色文化基本知识有一定程度的了解,但是了解的深度和广度有待进一步加强;在对待红色文化教育的情感和态度方面,学生基本表达了肯定的态度,对红色文化有较强的认同感。大多数学生能意识到红色文化教育为自己的成长带来的积极意义,愿意接受红色文化教育,并且在生活实际中,用自己的切实行动传承红色精神。但是,也存在少数学生认为红色文化教育没有什么收获。针对这部分学生,我们需要进一步努力增强其对红色文化的认同。在红色资源学习的选择中,学生更偏向于观看红色影视剧,而阅读红色书籍的相对较少。这一现象也值得我们思考:是不是因为目前适合青少年阅读的红色文化专题书籍相对不多?此外,学生能够利用网络资源进行红色文化的学习,但大部分学生还没有形成习惯;红色教育类学习软件的利用率还有提升空间。

2. 中学教师对红色文化的认知情况

教师对于红色文化的认知情况是我们了解现有红色文化教育开展效果的基础,包括对红色文化基本知识的了解程度、对红色文化教育的情感态度等方面。参与问卷调查的教师共 95 名,涵盖了学校的所有学科的教师。

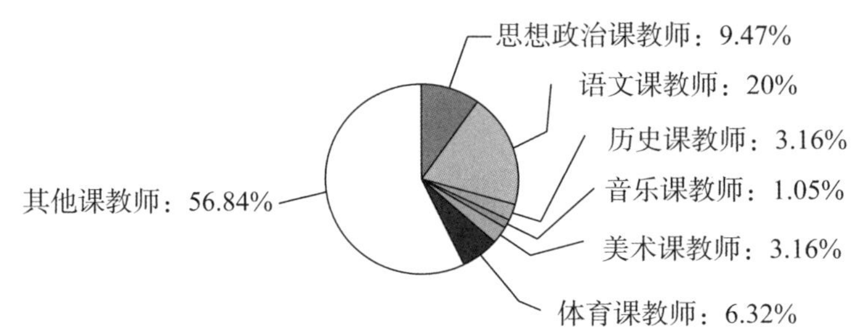


**图 2-1　不同学科教师占比情况**

(1) 教师对红色文化基本知识的了解程度的调查

在被问及“您认为自己目前对红色文化的了解程度如何”的问题时,57.89%的教师表示比较了解,31.58%的教师表示了解一点,6.32%的教师表示非常了解,4.21%的教师表示了解很少。总体来看,目前教师对于红色文化整体的学习水平是良好的。这说明,教师通过在日常教学或生活中将红色文化的知识传授给学生的方式是具有可行性的。

在被问及“您自己平时会特别注意或关心红色文化或红色精神吗”这个问题时,53.68%的教师表示比较关心,24.21%的教师表示非常关心,21.05%的教师表示偶尔关心,1.05%的教师表示从不关心。总体来看,教师群体比较关心红色文化,但是也有少数教师从不关心或者只是偶尔关心。

(2) 教师对红色文化教育的情感态度的调查

在被问及“您认为目前是否有必要增强中小学红色基因的教育”这个问题时，大部分教师都进行了积极肯定的回答，赞同的教师达93.69%，只有6.31%的教师认为没有必要。

当被问及“您愿意在自己的教育教学过程中融入红色基因的相关教育吗”的问题时，54.74%的教师表示会尽力尝试，43.16%的教师表示非常愿意，只有2.11%的教师表示不愿意。可见，教师们对于红色基因融入课程教学表现出一定的兴趣。

综上所述，目前教师对于红色文化整体的学习水平是良好的，大部分教师比较关心红色文化，这些都是红色文化教育开展的重要基础。但是，有少数教师从不关心或者只是偶尔关心红色文化。“传道者自己首先要明道、信道。”[①]教师自身的红色文化知识的认知水平会影响其将红色文化教育融入课程教学的主动性。在对待红色文化教育的情感和态度方面，绝大多数教师都持肯定态度，表达了投入红色教育的意愿，但是在具体实施过程中又缺乏主动性。

3. 中学课堂对红色文化传承的情况

在红色文化教育方式的调查中，在被问及“通过什么方式学习有关红色基因的知识”时，学生选择课堂红色文化知识教育的比例最高，达93.08%，这充分体现了学校发挥课程教学对红色基因教育传承的主要作用。除此之外，也有不少学生选择其他的学习红色文化知识的方式，如选择校园红色文化活动体验的学生达91.19%，选择线上网络红色文化学习的学生达84.28%，选择户外红色文化实践教育的学生达76.1%，选择家庭红色文化教育活动的学生达71.7%等。

在被问及“您学习的哪些课程涉及红色文化的内容”时，98.74%的学生选择了思政课，88.05%的学生选择了语文课，62.26%的学生选择了音乐课，49.06%的学生选择了美术课，17.61%的学生选择了体育课，3.14%的学生选择了其他课程。由此可见，目前红色文化教育主要依托的课程是思政课。

在被问及“您认为最有可能融入红色文化教育或融入效果会比较好的课程

① 吴晶，胡浩.习近平在全国高校思想政治工作会议上强调 把思想政治工作贯穿教育教学全过程 开创我国高等教育事业发展新局面[J].中国高等教育，2016(24)：5-7.

有哪些”这个问题时，教师们将思政课排在首位，接下来依次是语文课、历史课等其他课程。

但是，每周的思政课的课时数量是有限的，在被问及“您所在学校的思政课每周的课时安排是怎样的”的问题时，47.17%的学生的回答是一周两节课，29.56%的学生的回答是一周一节课，13.21%的学生的回答是一周三节课，而回答三节课以上的同学只占10.06%。

当被问及“您认为有必要专设‘红色课堂’等红色资源教育的校本课程吗”时，57.89%的教师认为有必要，他们认为，专门的红色资源校本课程针对性强；也有42.11%的教师认为没必要，他们认为，可以将红色教育融入已有的校本课程之中。

综上所述，目前学校比较重视发挥课程教学在红色基因教育传承中的主渠道作用，但是主要依托思政课程实现，还没有形成多课程协同育人的体系。习近平总书记在2019年3月18日学校思想政治理论课教师座谈会上强调，“要坚持显性教育和隐性教育相统一，挖掘其他课程和教学方式中蕴含的思想政治教育资源，实现全员全程全方位育人”。[①] 这启示我们加强多课程协同育人机制的建设，在多课程中融入红色文化教育专题板块。

4. 中学校园活动对红色文化传承的情况

丰富的校园活动对红色文化教育全方位的普及有一定的作用。当被问及“您认为您所在的学校关于红色基因教学的普及情况如何”时，47.37%的教师表示基本普及，42.11%的教师表示完全普及，10.53%的教师表示偶尔涉及。在被问及“您的班级是否组织有关红色文化的主题班会”的问题时，53.46%的学生表示经常举行，44.03%的学生表示偶尔举行，2.52%的学生表示不涉及。

红色文化融入校园文化建设，不仅包括校园实践活动方面，也包括校园宣传方面。在被问及“您所在学校的楼梯走廊和教室墙壁等主要张贴或悬挂哪些内容”的问题时，91.19%的学生表示有格言警句，59.12%的学生表示有名人的

① 吴晶，胡浩.习近平主持召开学校思想政治理论课教师座谈会强调　用新时代中国特色社会主义思想铸魂育人　贯彻党的教育方针落实立德树人根本任务　王沪宁出席[J].人民教育，2019(7)：6－8.

书画，54.09%的学生表示有文人作家像，44.65%的学生表示有科学家像，38.36%的学生表示有革命先烈像，33.33%的学生表示有国家领袖像，3.14%的学生表示有其他内容。在以上这些张贴或悬挂的内容中，格言警句是最多的。但是，也有8.18%的学生表示校园内没有张贴这些内容。

调查结果也显示，学校的红色文化教育活动有待于进一步常态化。在被问及“您所在学校的红色文化教育活动是否常态化”的问题时，69.47%的教师表示肯定，认为学校以重要节日为依托开展红色文化教育；有21.05%的教师表示学校有固定的系统的红色文化教育宣传月；也有8.42%的教师表示否定，认为学校或班级只是随机开展活动。

在被问及“您参加过哪些形式的校园红色文化教育活动”的问题时，74.84%的学生们表示参加过红色影片观赏，72.33%的学生们表示参加过红色征文撰写，72.33%的学生们表示参加过红色景点参观，这三项较多。此外，64.78%的学生们表示参加过红色书籍阅读，58.49%的学生们表示参加过红色歌曲传唱，55.97%的学生们表示参加过红色故事演讲，42.77%的学生们表示参加过红色知识竞赛，42.14%的学生们表示参加过演红色课本剧等。

综上所述，学校比较重视校园红色文化的建设，多种类型的校园活动能够起到一定的红色基因传承的效果。未来关于红色文化传承的宣传可以融入校园宣传板块，加大宣传力度。另外，从课堂知识到校园活动，“要坚持理论性和实践性相统一，用科学理论培养人，重视思政课的实践性，把思政小课堂同社会大课堂结合起来，教育引导学生立鸿鹄志，做奋斗者”。[①] 要针对青少年的特征，适当突出红色文化的创新实践教育。

5. 中学课外实践对红色文化传承的情况

学校为了更好地将红色基因融入中学教育，通常会联合当地红色教育基地或者红色资源场馆，开展校外红色研学的活动，实现多平台协同开展中学红色文化教育的。

当被问及“红色文化教育的组织者主要有哪些”的问题时，91.58%的教师

---

① 吴晶，胡浩.习近平主持召开学校思想政治理论课教师座谈会强调 用新时代中国特色社会主义思想铸魂育人 贯彻党的教育方针落实立德树人根本任务 王沪宁出席[J].人民教育，2019(7)：6－8.

们表示，在校党委组织引领下，全年级统一组织活动；74.74%的教师们表示，以各年级为单位，各年级联合组织活动；67.37%的教师们表示，以各班级为单位，各班班主任组织活动；此外，44.21%的教师们表示，由学生自发组织或有学生家长提供相关资源组织活动。在红色研习实践过程中，既要发挥校党委领导组织牵头的作用，又要发挥各个班级的特色作用，还要用好各类资源平台，在学校和研习基地之间搭建桥梁，助力红色文化教育。

此外，加强各个学区间红色教育的系统性和连贯性也十分必要。在被问及“您认为目前中学红色文化教育是否做到各学区间的连贯性”时，45.26%的教师表示，中学红色教育各学区间连贯性还不够。由于缺乏系统的衔接、重复参观及缺乏引导，很容易使研习活动流于形式，提不起学生的兴趣。

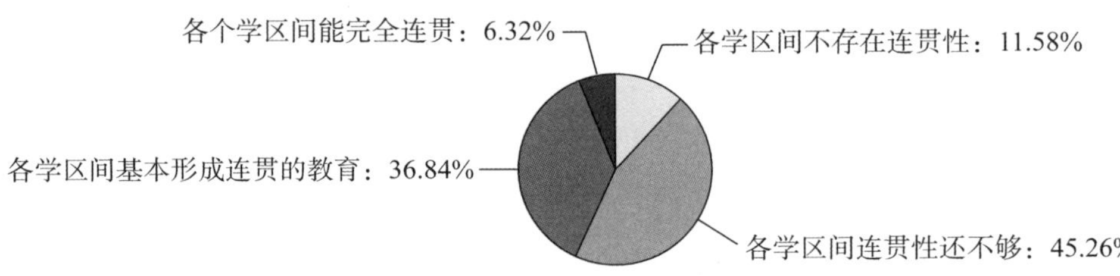


**图 2-2　各学区间红色文化教育连贯性的情况**

在课外研学实践中，可以加入教育评估，既可以包括对教学实际效果的评估，也可以根据学生是否真正热爱进行评估。在被问及“您所在的学校对红色基因教育是否进行评估时”的问题时，64.21%的教师进行肯定回答，而 35.79%的教师进行了否定回答。目前，课程教学成果评估最多，为 80.33%；其次是实践活动成果评估，为 67.21%；最后是基于学生热爱度而建立的智能数据评估，为 47.54%。在未来能否进行多种方式的融合评估是值得我们思考的，这不仅对课程教学具有指导意义，而且对激发学生融入红色文化的学习以及优化校外研学实践具有重要意义。

综上所述，在课外实践方面，学校注重多平台红色文化教育的协同建设，但是红色文化的课外实践往往停留在走出去参观的表面，学校需要与各个资源平台合力设计出红色文化研学规划和研学反馈机制。在必要的时候，还可以结合红色理论知识，设计出符合不同学区、学段学生特征的参观指南和图解，将各个学区、学段的红色文化教育相衔接，针对不同学区、学段的学生进行分类教育和引导，使其加深对红色文化的理解和感悟。

## （三）影响中学传承红色基因的主要因素

目前，中学在积极开展红色文化教育时，也遇到一些现实困境。在被问及“您认为红色基因教育融入中学教育可能有哪些方面的现实困境”的问题中，有71.58%的教师指出，目前红色基因教育以感受性教育为主，需要多结合实践；有56.84%的教师认为，网络环境的泛娱乐化给红色网络教育一定的冲击，中学不同阶段的学生群体的教育系统性不够；有 34.74%的教师认为，目前学校和教师层面对红色基因教育不够重视；还有教师指出，红色文化资源利用效率低等问题。

结合调查结果，我们不难发现，影响中学传承红色基因的因素是多方面的。

一是，目前学校和教师层面对红色基因教育不够重视。教师们对于红色基因融入课程教学表现出一定的兴趣，但是对于真正的实施又存在一些顾虑。这可能是由于目前学校对于教师开发和利用红色文化课程资源缺乏相应的鼓励机制，并且对红色文化教育融入课程教学也没有相关的要求，而教师的主要精力都在应对考试和升学上，对于红色文化课程资源开发的重视程度有限。另外，一些课程由于自身特征，教师确实很难在课堂上对红色文化进行深入的展开。因此，即便大多数教师有将红色文化融入课程教学的意愿，但往往心有余而力不足，只有少部分教师真正有意识地并且能够在课程教学中融入红色文化教育。虽然思政课、历史课、语文课等课程的教师对于弘扬红色文化采取一定的措施，但整体上对于红色文化的重视度仍然有待提高。此外，红色文化教育关键是引导学生从课本的理论知识升华到理想信念层面，“要坚持价值性和知识性相统一，寓价值观引导于知识传授之中”①，而不仅仅停留在知识层面。可见，要想真正深入地开展红色文化教育并且达到一定效果，学校和教师层面需要给予足够的重视。学校需要更加注重整体的系统协调和设计，各课程教师需要形成合力，协同育人。在被问及“您认为有效提升中学生红色基因传承的路

① 吴晶，胡浩.习近平主持召开学校思想政治理论课教师座谈会强调 用新时代中国特色社会主义思想铸魂育人 贯彻党的教育方针落实立德树人根本任务 王沪宁出席[J].人民教育，2019(7)：6－8.

径有哪些”的问题时,89.47%的教师认为,应发挥中学思想政治课程的核心作用;74.74%的教师表示,要多课程、多主体协同融入红色教学;69.47%的教师表示,要提高中学教师的红色教育意识;58.95%的教师表示,要拓展校园红色文化教育的育人空间;也有很多教师支持创新校园第二课堂红色教育形式,加强对校园红色智能数字场景的运用等。

二是,不同阶段的学生群体的教育系统性不够,对红色资源的利用还没有相互的衔接。这使得红色文化教育缺乏吸引力,也导致学生对于红色文化的理解较为分散,不能系统全面地了解红色文化。在被问及“您认为中小学红色基因教育如何做到系统化、多样化”的问题时,87.37%的教师认为,应该结合各节日点,开展红色系列主题宣传;81.05%的教师认为,应该用好国旗讲话,系统渗透红色主题教育;71.58%的教师认为,应该寻访红色遗迹,组织红色社会实践活动。此外,还有聚焦红色知识,构建红色校本课程教学,建立红色课程基地;构建智能红色模拟场景,协同教师队伍,开辟红色校园第二课堂,开发红色阵地;打造线上红色育人环境,继承红色家风,开展红色家庭业余教育的建议。

三是,目前红色基因教育以感受性教育为主,需要多结合实践开展红色基因教育。在被问及“您认为哪些方法有利于提高学生融入红色基因学习的热情”的问题时,不少教师都给出了建议。77.89%的教师认为,组织学生去管理和更新走廊红色文化;67.37%的教师认为,立足地方特色,编写当地红色历史故事,对接展馆资源并组建小小红心志愿者队;64.21%的教师认为,组织学生出红色主题板报。此外,还有编写红色基因图谱等适龄读物,传阅红色图书,建立在线精品红色文化课堂,成立红色宣讲学习剧团等学生社团,走访身边先进模范典型以感受红色事迹,收集大量党史教育影视汇编成红色影音库,用智慧教室进行红色纪念展的动态数字体验,运用人工智能记录红色文化学习痕迹等的建议,从而让红色文化活动的形式更趋多样化,更具丰富性和创新性。

## 二、红色基因融入中学教育的问题

从红色基因融入中学教育的现状来看,我们可以发现,中学师生已经认识到红色基因教育的重要性,大部分教师了解和关心红色文化、红色精神,基本能够在课程教学和校外研学实践中融入红色基因教育，学生也能在校园活动和社会实践中践行红色精神，然而红色基因融入中学教育的实际效果并不理想，还存在以下几个方面的问题：第一，学校师生对传承红色基因的认识有待进一步提高；第二，传承红色基因的课程体系建设有待进一步优化；第三，学校整合红色文化的资源有待进一步加强；第四，学校红色文化育人环境有待进一步完善。

### （一）学校师生对传承红色基因的认识有待进一步提高

习近平总书记指出，“理想信念是共产党人精神上的‘钙’，理想信念坚定，骨头就硬，没有理想信念，或理想信念不坚定，精神上就会‘缺钙’，就会得‘软骨病’”。[①] 理想信念是指引我们前进的方向，激发我们奋进的动力。红色基因就是一种理想信念，红色基因融入中学教育，有利于坚定学校师生的红色理想，让他们认识到天下兴亡、匹夫有责，自觉把个人前途与国家命运紧密结合起来。通过调查发现，大部分师生对红色文化和红色精神等方面比较了解，但是以下几个方面的认识还有待进一步提高。

一是，学校对上海作为党的诞生地、初心始发地的认识有待提高。习近平总书记在甘肃考察时，参观了中国工农红军西路军纪念馆，他强调，“我们要讲好党的故事，讲好红军的故事，讲好西路军的故事，把红色基因传承好”。[②] 红色基因承载着中国共产党的奋斗史，凝聚着中国共产党人的伟大革命精神。学校要传承好红色基因，就要讲好党的故事，首先就得从党的诞生地开始讲起。上海作为中国共产党的诞生地、初心始发地，这是上海的光荣和骄傲，但是也意味着上海具有特殊的责任和使命。上海拥有丰富的红色文化资源，学校要把这些红色文化资源引入中学教育，加强对学校师生的红色文化教育，让学校师生从这些红色文化中汲取智慧和力量，继续守初心、担使命，从而激活并传承好红色基因。

二是，学校师生对传承红色基因的认识有待提高。习近平总书记在参加十三届全国人大一次会议山东代表团审议时指出，“红色基因就是要传承。中华民族从站起来、富起来到强起来，经历了多少坎坷，创造了多少奇迹，要让后代

---

① 中共中央宣传部.习近平总书记系列重要讲话读本[M].北京：学习出版社，人民出版社，2016：106.

② 桑林峰.讲好党的故事　传承红色基因[N].中国纪检监察报，2019－08－28.

牢记，我们要不忘初心，永远不可迷失了方向和道路”。① 为了更好地传承红色基因，需要把红色基因融入学校办学治校的过程中，让红色基因在校园里生根发芽。在融入过程中，一方面，需要提高教师对红色基因教学的认识。校园是红色文化教育的主要阵地，教师不应该把精力都放在应对考试和升学上，而应在培养学生具有学科知识的同时培养学生的红色文化意识。另一方面，需要提高学生对红色基因教育的认识。问卷调查结果显示，中学生对红色文化有一定的了解，但是在红色文化教育活动中，中学生更倾向于轻松愉悦体验式的红色文化教育活动，理论化的红色文化教育形式对他们的吸引力不强。教师应该教育学生意识到红色文化的理论性学习对传承红色基因来说是更根本的、更关键的。只有通过师生共同的努力，红色基因的种子才能拥有肥沃的土壤，才能在红色校园中生根发芽。

三是，学校师生对传承红色基因的积极性、主动性有待提高。从整体上看，教师的红色文化的学习和认知水平是良好的，教师对于红色文化融入课程教学持肯定态度，但是在具体实施过程中又缺乏主动性；学生对红色文化有较强的认同感，认识到红色文化教育对自身成长成才的积极作用，愿意接受红色文化教育，并且在生活实际中，也在用自己的切实行动传承红色精神，但还是存在极少数学生对红色文化不关心的现象。为了更好地传承红色基因，教师不仅要对红色文化融入课程教学持肯定态度，更重要的是，要在自己的教学过程中积极主动地融入红色基因的相关教育，要将传承红色基因作为自己的一种职责。就学生而言，在自己的日常生活中主动关心红色文化，积极参与红色文化教育活动，这也是传承红色基因积极性、主动性的重要表现。

四是，学校师生对红色文化的了解和掌握有待提高。问卷调查结果显示，就教师而言，还是存在少数教师从不关心红色文化或者红色精神。教师有一桶水，才能给学生一碗水，教师红色知识储备量的多少会直接影响到对学生的教育效果，因此要加强对教师的红色文化教育，以提高教师对红色文化的理解和掌握。就学生而言，还是有少数学生对红色文化不了解，部分学生了解红色文

① 黄东.让红色基因融入教育中[N].中国教育报，2018－03－11.

化也是基于一些红色歌曲、红色书籍、红色影视剧方面的了解,对红色文化内涵的理解不够系统深刻。中学阶段正是学生世界观、人生观、价值观形成的关键时期,对他们多施以先进文化的影响是非常必要的。梁启超在《少年中国说》中提到,“今日之责任,不在他人,而全在我少年。少年智则国智,少年富则国富,少年强则国强,少年独立则国独立,少年进步则国进步”。① 习近平总书记在十九大报告中也提到,“青年兴则国兴,青年强则国强。青年一代有理想、有本领、有担当,国家就有前途,民族就有希望”。② 所以,学校应加强师生的红色文化教育,进一步提高他们对红色文化的了解和掌握程度,从而进一步坚定他们的红色理想。

（二）传承红色基因的课程体系建设有待进一步优化

红色资源课程是对中学生进行红色基因教育的一种重要方式,其课程体系设计的科学与否直接影响到对中学生红色基因教育的效果。目前来看,传承红色基因的课程体系建设在以下几个方面有待进一步优化。

一是,学校现有的课程体系中,红色文化的课程设置总体偏少,且单独设立的红色文化课程偏少。学校基本普及了红色基因教学,但是中学教育受到考试升学的压力,学校教育的重心放在了学生成绩及整体的升学率上,主课的课程设置总体偏多,副课的课程设置总体偏少。另外,学校单独设立红色文化课程偏少,而是把红色文化教育融入思政课、历史课、语文课、音乐课、美术课、体育课、信息技术课、科学课等课程中。问卷调查结果显示,红色文化教育融入效果比较好的课程中,思政课排在首位,其次是历史课、语文课等。这是因为思政课和红色文化教育具有天然亲近关系。思政课是教师对学生施以一定的思想观念、政治观点、道德品质,使学生接受并认同这样一种思想观念、政治观点、道德品质,从而用这种认知去指导自己的实践;而红色文化教育的目的就是使学生在掌握一定的红色知识、红色史料的基础上,培养学生的红色文化意识,从而在思想上认同红色文化,在实践中践行红色精神,所以红色文化教育融入思政课

① 梁启超.少年中国说[M].北京:高等教育出版社,2010:36.

② 习近平:决胜全面建成小康社会 夺取新时代中国特色社会主义伟大胜利[N].人民日报,2017-10-28(1).

效果可能最好，但是思政课每周开设次数较少，一周一到两节，这可能会影响红色文化的整体教育效果。

二是，学校单独编写红色文化的教材、读本较少。开设红色文化课程，必须要配备相应的红色文化教材、读本。由于每个地方红色文化资源的差异性，学校可以根据地方独特的红色资源，编制一本适用于本地中学教育的红色文化教材。教材的编制并非一件轻而易举之事，会花费相当大的人力、财力、物力，必须遵循科学原则，符合教学目的和特定阶段学生的认知发展规律。但是，我们也应看到，教材所发挥的作用也是很大的。对学生来说，教材是学生了解课程知识的主要来源，也是学生学习的主要材料；对教师来说，教材是教师进行教学的主要工具，教师根据教材制订相应的教学目标和教学计划，完成对学生的教育。编制红色校本教材，有利于对红色文化资源的整合、保存甚至传承，从而完成对学生的红色文化教育。

三是，学校开设的红色文化研学课程偏少。目前的红色文化课程多以课堂上老师的讲授为主，这是一种感受性教学。学校可以利用周末和寒暑假时间开设红色文化研学课程，让学生走进红色文化，在旅游参观红色文化过程中重温革命岁月。然而，部分学校不太赞同开设红色文化研学课程，一方面是出于对学生安全的考虑，另一方面是对红色文化研学课程存在问题的考虑。从学生的安全来看，开展红色文化研学课程，要到一些红色基地进行参观，这就涉及学生的外出，在交通、饮食以及红色文化研习过程中都存在一定的安全隐患。从红色文化研学课程存在的问题来看，主要有两点：第一，重参观轻教育，红色文化研学课程立意和出发点是非常好的，通过参观亲身体验红色文化，感受红色文化的魅力，然而在实施的过程中，研学变成了学生的参观游览，部分学生对红色文化没有入脑入心；第二，缺乏规划，红色文化研学课程实施之前，学校要组织教师制订研学规划。研学前，要拟定好研学的活动议程，以及交通方式的选择、保险的购买、饮食的选择等；研学中，按照活动议程规定的时间进行每项活动，并做好拍照和记录工作，以便撰写报告；研学结束后，及时收集教师和学生对红色文化研学课程的体会和建议，并进行相应的反馈。然而，部分学校未能按照这种规划去开展红色文化研学课程。

四是,学校对红色文化课程教学评价的认识还有待提高。教学评价是依据一定的评价标准,采用特定的评价方法,检查课程的实施是否实现了教育目的,实现的程度如何,以判定课程设计的效果。红色文化课程教学评价是红色资源课程体系的一部分,它会直接影响红色课程教育各个环节信息的反馈、教育活动的调整。学校对红色文化课程教学评价的认识在以下两个方面还有待提高。第一,红色文化课程教学评价的主体要多元化。有的学校红色文化课程教学评价只注重收集学生对课程的反馈情况,这是比较片面的。作为红色课程的教育者,教师在教学过程中也会遇到很多问题,所以收集教师对红色文化课程的反馈情况也是必不可少的。第二,红色文化课程教学评价的方式要多元化。有的学校对红色文化课程的教学评价多以课程结束后学生的考试成绩为主,这种总结性评价过于注重结果,忽略了红色文化教育的过程。教学评价要贯穿整个课程的始终,观察课堂上学生的参与状态,了解学生对红色文化的热爱程度,形成多元的课堂评价。

### (三)学校整合红色文化资源有待进一步加强

2014 年,习近平总书记在视察南京军区机关时强调,“要把红色资源利用好、把红色传统发扬好、把红色基因传承好”。[①] 红色文化承载着革命先烈的奋斗史,蕴含着丰富的革命精神。中学教育结合红色文化开展教育教学活动,对中学生的思想观念、道德品质、理想信念具有重要的指导意义,有利于他们树立正确的世界观、人生观、价值观。从目前来看,学校整合红色文化资源可以从以下几个方面进行:

一是,在红色文化资源开发、利用方面的整合。为了更好地传承红色基因,学校要做好校内外红色文化资源的挖掘、整理工作,主要表现为两个方面。一方面,学校要挖掘整理校史资源。“一个学校的校史资源应该是这所学校的物质文化、精神文化和制度文化的总和,是一座育人资源丰富的‘富矿’。”[②]校史在校园文化建设中起着重要作用,为了营造良好的校园红色文化环境,我们需要挖掘整理校

① 习近平在视察南京军区机关时强调 贯彻全军政治工作会议精神 扎实推进依法治军从严治军[N].人民日报,2014-12-16.

② 李磊.校史资源中也有“教育富矿”[N].中国教育报,2015-10-22.

史资源,以搭建校史馆或者编写校史读本,把学校的校史呈现出来。学校师生通过参观校史馆或者研读校史读本,从丰富的校史资料中提取出爱国主义人物以及他们所具有的红色精神,如爱国主义精神、艰苦奋斗精神、勇于担当与奉献的精神以及坚定的理想信念等。校史资源蕴含着丰富的红色基因,是学校开展红色文化教育的鲜活素材。另一方面,对校外红色文化资源的开发、利用。每个地方都有着丰富的红色文化资源,为了更好地把红色基因融入中学教育,学校首先就要对这些红色文化资源进行挖掘。学校挖掘校外红色文化资源主要有两种路径,一是学校派教师外出搜集整理地方红色故事、走访革命老人、实地考察红色革命圣地等红色文化资源;二是学校可以与地方政府以及社会各部门合作,共同挖掘并共享红色文化资源。学校为了尽可能多地将红色文化资源引入学校教育中,通常还会和当地红色教育基地或者红色资源场馆进行合作。

二是,在红色文化资源在进课堂方面的整合。已挖掘的红色文化资源种类、内容多样,不加以选择全部进课堂是不可能的,也是难以实现的。红色文化资源进课堂前整合主要体现在三个方面。第一,中学教育选取的红色文化资源要符合中学生的认知发展水平。从介绍的红色经典人物来看,最好选择和中学生年龄差不多的榜样,这有利于发挥朋辈榜样的作用,激励中学生自觉肩负起伟大使命,从而坚定红色理想。第二,多选择当地红色文化资源进课堂。整理和研究当地的红色文化资源并融入课堂教育,会使学生产生亲近感和熟悉感,更有利于调动学生的积极性,吸引学生的注意力,从而达到寓教于乐的理想效果。第三,对不同年龄阶段的学生选择不同的红色文化资源教育。由于不同年龄阶段中学生认知水平的差异性,对初中学生进行红色文化教育,主要是普及一些红色文化知识,如让学生了解一些红色文化精神,如井冈山精神、延安精神、西柏坡精神、长征精神、红船精神等,让学生知道有哪些红色歌曲、红色书籍、红色影视或戏剧,并且能够讲述一些红色故事,在对红色文化基本知识了解的基础上,培养他们学习红色文化的兴趣;对高中学生进行红色文化资源教育,要求他们在熟练掌握红色文化知识的基础上,进行红色文化实践,如亲自参观革命纪念馆、烈士墓园、人民英雄纪念碑等,在走访、参观的过程中收集并整理一些红色史料,撰写实践报告,从而感知红色文化的魅力,增强对红色文化的认同感。

三是,红色文化资源在宣传方面的整合。马克思和恩格斯在创立共产主义同盟时,就提出了宣传工作这一概念,并且明确要求党的每一个成员都要努力做好宣传工作。毛泽东也非常重视宣传工作,在抗日战争时期巧妙地运用了宣传工作,动员了各方力量联合抗日。任何工作离开宣传,最终效果都会大打折扣。不仅企业、商品需要宣传,党的路线方针、政策也要通过宣传让人民群众入脑入心。同样,红色文化资源也要通过宣传发挥其教育和引领价值。中学对红色文化的宣传可以从以下几个方面着手。第一,学校官网要设立专门的红色文化网页。如今网络在人们的日常生活中被普遍使用,所以要发挥好网络媒介的宣传作用,扩大红色文化的影响力。为吸引学生深入了解红色文化,学校官网不仅要有专门的红色文化网页,还要在红色文化网页上设置不同的板块,如红色史料类、红色歌曲类、红色书籍类、红色影视剧类、红色知识答题类等板块。第二,校园内要设立红色文化宣传栏。为构建全方位的红色资源的育人环境,需要采取线上和线下相结合的宣传方式,所以校园内设立红色文化宣传栏是必不可少的。通过校园里的红色标语横幅、红色文化图片、红色文化板报,让中学生接受红色文化的熏陶,感受红色文化的魅力。第三,学校要组建红色宣讲团。红色文化的宣传自然少不了宣传主体,这个宣传主体既可以是老师,也可以是中学生。红色文化宣讲既是宣传红色文化的过程,也是加深对红色文化了解的过程。在对某一红色文化资源深入研究和了解的基础上,教师红色宣讲团和学生红色宣讲团可以在一些重要节日在本校甚至走出校园,去社区或者其他学校进行红色文化的理论宣讲,让红色文化影响更多的群众。

### (四)学校红色文化育人环境有待进一步加强

人的思想和行为的形成与发展受到环境的影响,正所谓“蓬生麻中,不扶而直,白沙在涅,与之俱黑”(《荀子·劝学》)。环境对人既会产生积极作用,也会产生消极作用,因此优化环境对人的发展至关重要。为更好地传承红色基因,学校需要从以下几个方面优化红色文化育人环境:

第一,加强对教师的红色文化培训。从整体上来看,教师对红色文化是有一定程度了解的,在问及“平时是否关心红色文化或者红色精神”时,大部分教师表示比较关心,但还有少部分教师表示从不关心。对于这部分不关心红色文化或红色精神的教师来说,一方面是出于自己所授课程不需要,对红色文化的学习缺乏主动性;另一方面是由于学校对教师红色文化培训较少,教师接触到的红色文化有限。红色文化作为中国特色社会主义先进文化的重要组成部分,在育人方面具有激励和引领人们树立坚定的理想信念的作用。因此,学校要加强对教师的红色文化培训,如组织教师参观红色文化基地,开展红色文化培训班,举办红色文化研讨会等,让每一位教师都能在培训环境中储备丰富的红色文化知识,坚定自己的红色理想信念,从而提升红色文化教育的能力。

第二,加强营造红色校园氛围。红色文化教育应渗透在校园的每个角落,让学生时时刻刻都能受到红色文化的魅力。目前,从校园文化环境建设方面来看,中学校园的楼梯走廊和教室墙壁等都会张贴或悬挂国家领袖像、革命先烈像、文人作家像、科学家像、名人的书画、格言警句等。从校园活动方面来看,校园会经常举办形式多样的红色文化教育活动,如有的班级还会经常举办有关红色文化的主题班会;有的学校以重要节日为依托开展红色文化教育,甚至有固定系统的红色文化教育宣传月。从整体上来看,学校重视开展各类校园红色文化活动,注重营造红色文化育人氛围,但是校园红色文化教育活动有待于进一步常态化,并且红色校园氛围的营造还需在校园景观和校园建筑等方面着力。从校园建筑方面来说,打造校史馆、红色图书馆以增强学校的红色文化底蕴,还可以在校园里摆放一些伟人雕像,以供师生瞻仰,让师生以伟人为榜样。从校园景观方面来说,可以在校园内设立纪念碑林,还可以借助学校特色的文化节宣传红色文化。

第三,拓展校园红色文化活动形式。目前学生获得红色文化知识的途径主要以教师讲解为主,感受不到鲜活的红色文化。通过开展红色文化活动,把红色知识融入具体的活动场景里面,让学生在参与的过程中感受鲜活的红色文化。校园红色文化教育活动主要有红色故事演讲、红色歌曲传唱、红色征文撰写、红色影片观赏、红色景点参观、红色书籍阅读、红色知识竞赛、红色课本剧表演等。这些类型的红色文化教育活动有利于学生学习掌握一定红色文化知识,但是长期采用这几种形式,会使学生失去兴趣,感到乏味。因此,要在保留原有的校园红色文化活动形式的基础上,拓展红色文化活动形式,如乐高积木搭建历史瞬间场景、机器人重走长征路的比赛、地道战编程指南、红色文化场景数字模拟体验。这有利于激发学生学习红色文化的兴趣和积极性，从而感受红色文化的魅力，获得红色文化精神的力量。

## 三、推动红色基因融入中学教育的着力点

通过对红色基因融入中学教育存在问题的分析，我们认为，推动红色基因融入中学教育应该在以下四个方面下功夫。

### （一）在课程质量上下功夫

红色资源课程是对中学生进行红色基因教育的一种重要方式，在课程质量上下功夫，主要体现在以下两个方面。第一，中学红色文化课程教育要做到各学区间的连贯性。大部分教师认为，中学红色文化教育各学区之间的连贯性不够，会使学生重复参观某一红色基地，重复了解某一方面的红色文化知识，或者出现红色知识断层现象，削弱了学生学习红色文化知识的兴趣。第二，各课程之间的红色文化教育要有效衔接，协同育人。一方面，由于学校现有课程体系中对红色文化课程设置总体偏少，且学校单独设立红色文化课程偏少，而把红色文化教育融入思政课、历史课、语文课、音乐课、美术课、体育课、信息技术课、科学课等，这些课程教学虽然对红色文化教育有所涉及，但是内容还不够丰富，导致红色文化教育效果不理想。另一方面，由于中学课程对红色文化的教育往往等同于思想政治教育、文化教育、历史教育等，尽管这些课程中都融入了红色文化教育，但课程之间缺少相互的衔接，这使得红色文化教育缺乏系统性和吸引力。因此，要通过各学区和各课程的衔接，达到提高课程质量的目的。

### （二）在情感态度上下功夫

为使学校师生更好地传承红色基因，需从情感态度上下功夫，主要表现在两个方面。一是从情感上下功夫，培养学校师生对红色基因的感情。学校师生对红色文化的了解和掌握有利于他们更加坚定理想信念，增强爱国主义情怀。二是从态度上下功夫，改善学校师生对红色基因的态度。态度决定高度，就教师而言，为

了更好地传承红色基因，一方面，教师要在自己的教学过程中积极主动地融入红色基因的相关教育，要将传承红色基因作为自己的一种职责；另一方面，教师也应提高学生对红色基因学习的热情，并在此基础上引导学生从学习红色文化理论知识升华到理想信念层面的学习，进而在自己的日常实践中践行红色精神。习近平总书记2016年4月24日在视察安徽省六安市金寨县时指出，“革命传统教育要从娃娃抓起，既注重知识灌溉，又加强情感培育，使红色基因渗进血液、浸入心扉，引导广大青少年树立正确的世界观、人生观、价值观”。[①] 教师不仅要通过自身实践传承红色基因，同时也要引导学生积极主动传承红色基因。值得注意的是，红色基因的传承不单单是“传”，重要的是要做到“承”。“传”能使红色的种子迅速地在学生心底发芽，“承”才能使种子成长。对学生来说，主动关心红色文化，积极参与红色文化教育活动，在实践中传承红色精神，这不仅能有效传承红色基因，还有利于树立坚定的理想信念，增强爱国主义情怀。

### （三）在学生接受方式上下功夫

学生接受红色基因教育的方式主要包含课堂讲授和课外实践两个方面。从课堂讲授来看，为加深学生对红色文化的了解程度，从而更好地传承红色基因，一方面，学校要在编写红色教材、读本、讲义上下功夫，使学校编写的红色教材、读本、讲义真正地进课堂、进学生头脑；另一方面，教师要在讲解红色文化方式上下功夫。为更好地活跃课堂气氛，使学生更好地接受红色文化教育，从而达到寓教于乐的效果，教师们在教学方式的选择上，要突破单一的讲授法，交叉采用讲授法、情景教学法、互动式教学法、演示法、启发法等多种教学方法，从而把红色文化知识更好地传递给学生；在教学手段的利用上，要多采用图片、视频、音频的方式讲授红色文化理论知识，使学生在感官体验的基础上加深对红色文化的了解。从课外实践来看，一方面，学校要拓展红色基因教育方式。为了使学生更容易接受红色基因教育，使红色基因融入中学教育能取得理想效果，学校除了以重要节日为依托开展校园红色文化教育外，还可以系统渗透红色主题教育；寻访红色遗迹，组织红色社会实践活动；聚焦红色知识，构建红色

---

① 习近平在安徽调研时强调　全面落实“十三五”规划纲要　加强改革创新开创发展新局面[J].党建，2016(5)：4.

校本课程教学；基于红色课程基地，构建智能红色场景模拟；协同教师队伍，开辟红色校园第二课堂；开发红色阵地，打造线上红色育人环境；继承红色家风，开展红色家庭业余教育等方面下功夫，使红色基因教育在常态化的基础上更加系统化、多样化。另一方面，教师要根据班级学生特点、爱好，因材施教，开展多种类型、多样风格的红色教育活动，从而最大程度、最大范围地调动学生积极融入红色文化教育活动之中，在体验活动的过程中收获红色文化知识。

### （四）在不断满足学生期望上下功夫

习近平总书记在学校思政课教师座谈会上强调，“青少年阶段是人生的‘拔节孕穗期’，最需要精心引导和栽培”。① 只有在青少年时期进行红色基因教育的“灌溉”，在未来才能有“收成”。而为了使学生更好地对红色基因教育入脑入心，需在不断满足学生期望上下功夫。这主要体现在两个方面。一方面，红色基因教育要不断满足学生体验鲜活红色文化的期望。对现在的中学生来说，红色文化年代久远，让学生有生疏感和距离感，再加上红色课程的讲授缺乏体验性教学，这会让中学生觉得红色文化是枯燥且难理解的。为了满足学生体验鲜活红色文化的期望，可以通过开展红色文化活动，把红色知识融入具体的活动场景里面，让学生在参与的过程中感受鲜活的红色文化；也可以通过加强学校和红色文化教育基地、红色资源场馆的合作让学生体验鲜活的红色文化。例如，学校定期招募一批学生担任红色教育基地、红色资源场馆的志愿者，组织学生担任烈士陵园的临时护陵员或者博物馆的小小讲解员，在满足学生角色体验的过程中，使学生身临其境，感受鲜活的红色文化，加深对红色文化的理解和认同。另一方面，红色基因教育要不断满足学生在轻松愉快的氛围中获得红色知识的期望。红色文化教育采用课堂讲解的方式会使学生感到枯燥乏味，从而失去学习兴趣。学校和教师应共同努力，在红色文化教育中，积极开展红色文化影视和音乐欣赏、红色文化的户外研学活动、革命爷爷的红色故事宣讲、红色文化类主题班会等活动，满足学生在轻松愉快的氛围中获得红色知识的期望。

---

① 吴晶，胡浩．习近平主持召开学校思想政治理论课教师座谈会强调 用新时代中国特色社会主义思想铸魂育人 贯彻党的教育方针落实立德树人根本任务 王沪宁出席[J]．人民教育，2019(7)：6－8.

# 第二篇

# 红色基因培养之行

# 第三章　育红苗：用红色铺就成长底色的目标导向

红色基因是党绝对领导下的人民军队的精神内核和非凡特质，是党在领导中国革命、建设和改革的实践进程中凝华的先进思想因子结晶，同时也是以物质、精神和制度等形态所呈现出来的红色文化精髓，更是马克思主义信仰、共产主义信念和革命精神代代相传所不可或缺的遗传密码。中学教育要把理想信念的火种、红色传统的基因一代代传下去，让革命事业薪火相传、血脉永续，培养能够担当民族复兴大任的时代新人。

## 一、建构"一引三化"红色基因育人体系

思想政治教育是学校日常教育体系的重要一环，是落实立德树人根本任务的重要载体，也是当前教育改革重要的关注领域。习近平总书记在学校思想政治理论课教师座谈会上的重要讲话站在党和国家事业发展全局的高度，深刻阐述了办好思政课的重大意义，深入分析了思政课教师的关键作用，明确提出了推动思政课改革创新的重大要求，为推进思政课建设指明了前进方向。中学红色文化教育深刻学习领会习近平总书记的重要讲话精神，认真贯彻中共中央办公厅、国务院办公厅印发的《关于深化新时代学校思想政治理论课改革创新的若干意见》，着力推动学校思政教育改革创新，凸显党组织的核心引领作用，打造系统化的思政课程体系、一体化的实施机制和专业化的教师队伍，在实践中探索形成了"一引三化"的思政教育新模式，着力开创学校思政教育铸魂育人的新局面。

### （一）充分发挥党组织的引领作用

始终坚持马克思主义指导地位，把思想政治工作贯穿学校教育管理全过

程，是我们党领导教育事业的一条重要经验，也是新时代探索学校思政教育体制改革的重要指导方针。这也就意味着，办好思政课，推动思政教育改革，必须坚定不移地加强党的领导，充分发挥党组织的领导核心作用。民办学校党建工作是党的建设工作中的重要一环，也是特殊一环。在推动思政课建设和改革的过程中，我校既充分学习领会和贯彻新时代加强中小学党建工作的普遍性要求，也充分立足民办学校办学体制上的特殊性，努力探索新时代民办学校党建工作的新模式，构建“职责明确、全程嵌入、内外和谐”的党建工作新格局，让党组织真正成为领导思政教育改革和学校各项事业发展的坚强核心。

第一，注重顶层设计。坚持命运共同体理念，努力建构现代学校治理体系，理顺董事会、校行政和校党委之间的关系，出台16项党建工作制度，保障学校工作与党的工作同步计划、同步实施、同步考核。学校党委始终把思政工作作为重要议程，在工作格局、队伍建设、支持保障等方面采取有效措施，推动全校形成努力办好思政课、教师认真讲好思政课、学生积极学好思政课的良好氛围。

第二，凸显思想引领。一方面，学校党委注重加强自身的政治理论学习，系统学习和深刻领会习近平新时代中国特色社会主义思想，明确新时代学校教育改革，特别是思政改革的主要原则和根本遵循；另一方面，注重通过学校核心价值观的凝练，推动学校文化建设，以“中和位育”作为统揽全局、凝聚人心的文化内核，让思政工作的核心价值与学校文化有机融合，让师生的思想价值有清晰明确的引领载体。

第三，落实主体责任。注重将思政教育改革的从严治理和科学管理相结合，落实党组织负责人的思政教育主体责任。学校党委书记、校长带头走进课堂，带头推进思政课建设。例如，学校党委书记带头给教师、学生上党课，多次邀请相关领导讲授专题党课，既努力营造了全校上下重视思政课改革的良好氛围，也促进了思政课品质的提升和形式的多样化。

### （二）着力建构系统化的思政课程体系

课程是开展思政教育的基本载体，优质的思政教育必然建立在优质的思政课程之上。长期以来，中小学思政课程建设存在两个方面的突出问题：其一，思政课程目标的设计缺少结合学生年龄特征的阶段性设计;其二,思政课程的内容缺少与时俱进,这两个方面的问题直接影响了思政课程建设的成效。针对思政课程存在的问题,我们着力从以下三方面进行改革。

第一,注重大爱无垠、爱国爱民的目标导向。中国共产党领导人民群众在长期的革命斗争过程中形成的以革命理论、革命文化、革命精神、革命英雄为内涵的红色资源,是我们党宝贵的精神财富。在开展青少年思政教育时,将这些红色资源转变为特殊的思政课教学资源,并贯穿于思政课全过程,可以帮助青少年学生深刻把握红色文化精髓和红色精神,深入领会我们党革命、建设年代一以贯之的全心全意为人民服务的根本宗旨,牢固树立起马克思主义人生观、价值观和世界观。通过传承、激活红色文化、红色基因,教育、引导广大青少年从红色文化中汲取成长力量,在潜移默化的红色文化熏陶中积极培育、自觉践行社会主义核心价值观,成为中国特色社会主义事业合格的建设者和可靠接班人,进而实现思政课"培养什么人、怎样培养人、为谁培养人"的根本目的。

在思政课中如何融入红色基因,要从以下两个方面入手。首先,把红色资源教育与思政课课程内容相结合。在上思政课时,教师不能一味地照本宣科,而要结合青少年的兴趣点,采取青少年喜闻乐见的形式,如以红色影视、红色歌曲、红色漫画、网络微课等形式用好红色经典,讲好红色故事,把红色文化渗透到理论教学之中,在经典传承和故事展现中激活青少年红色基因。其次,要积极利用红色教育实践基地。"纸上得来终觉浅,绝知此事要躬行。"通过组织青年学生走出教室,参观红色教育基地,重温红色革命历史,让学生深刻感悟革命先辈们坚如磐石的理想信念、百折不挠的英雄气概。在建设新时代中国特色社会主义事业、实现民族复兴的新征程中,引导青少年接续奋斗、砥砺前行,贡献青春力量。

第二,注重做好思政课程目标的纵向设计。发挥办学体制的优势,建构循序渐进、螺旋上升的思政教育目标体系,形成"小学—初中—高中"一体化递进式的思政课程目标体系,明确每一阶段的具体要求。对于小学阶段的学生,主要强化基本的爱国家、爱上海、爱学校的意识,通过少先队组织的引领,保持和激发学生朴素的家国情怀;对于初中阶段的学生,主要做好共青团、少先队的联动和衔接,通过举办少年团校、团员发展大会等,进一步强化理想信念,树立为国家、为民族、为自己的未来努力学习的意识;对于高中阶段的学生,着力实现从团校到青年党校的提升,结合党的最新精神和理念,汇聚党支部、年级组、班主任和校团委的合力,通过三年循序渐进的课堂教学与实践活动的双向互动,抓实爱党、爱国教育这个核心环节。同时依托青年党校,通过宣传优秀共产党员事迹、家长党员进课堂、微型党课大赛等方式,进一步向青年学子传递党的知识,扩大党组织的影响力和感召力。

第三,注重思政教育课程内容的横向拓展。在新的时代背景和教育改革体系中思考思政教育,将理想信念教育、爱国主义教育、价值观教育、文明礼貌教育、传统文化教育、心理健康教育等相关内容统筹融入思政教育体系,办好思想政治课程的同时,努力挖掘不同学科的思政教育价值,开展爱国、爱党、爱家等主题的综合实践活动,将更为广阔的社会教育、家庭教育资源引入思政教育工作之中,拓展丰富思政教育课程的内容,让思政课程更贴近学生生活,更贴近时代发展,进而不断提升思政课程内容对学生的吸引力。

### (三)探索创新一体化的思政教育格局

思政课教学实施方式的不断创新是提升思想政治教育工作质量的关键。从某种程度上说,要丰富完善思政课程的实施方式,就是要进一步统筹和整合思政教育资源,提升思政教育及其相关活动的丰富性、灵活性和选择性,让思政教育真正深入学生的内心世界。近年来,基于徐汇区德育教育的整体规划,由西南位育中学牵头,整合田林地区的其他学校,以"德润田林"项目为抓手,依托区域优质的传统文化资源,通过区域协同联动机制的创新,打造了基于区域资源整合的学生思政教育新格局。作为这一思政格局的首倡者和主要推动者,西南位育中学着重做了以下两个方面的工作。

第一,牵头确定思政教育一体化合作目标。通过智慧共享、特色并呈、协同发展、互相借鉴、研训联动、资源共享等,推动区域学生思政教育的整体效应和区域性特色的达成,促使学区内各级各类学校形成学生思政教育的横向借鉴联动、策略共振,纵向分层巩固、递进对接的协同创新实施机制,从实践上为学生思政教育的实施提供实践样本，为立德树人工作的改革创新贡献力量。

第二，组织探索有效的思政教育一体化实施路径。围绕思政教育一体化的合作目标，西南位育中学牵头学区各学校，进行了学区理想信念教育课程目标的系统化顶层设计，推动了学区思想政治教育资源的统筹化联合共享和课程的精品化合作开发。通过一系列具体的举措，推进习近平新时代中国特色社会主义思想进教材、进课堂、进头脑，并将其转化为学区学生的自觉行动，为思政教育的改革奠定厚实的基础。

（四）持续打造高素质、专业化的思政教师队伍

教师是教育的第一资源，办好思政课，推动思政教育改革，应该充分发挥教师队伍的关键作用，努力建设一支可信、可敬、可靠，乐为、敢为、有为的高素质专业化的思政课教师队伍。西南位育中学始终把思政教师队伍的专业化建设作为办好思政课程的重中之重，在实践中探索形成了一系列有效的举措和思路。

第一，配齐配强思政课教师队伍。2019 年 10 月，教育部、中央组织部、中央宣传部、财政部、人力资源和社会保障部五部门印发了《关于加强新时代中小学思想政治理论课教师队伍建设的意见》，要求打造一支政治强、情怀深、思维新、视野广、自律严、人格正，专职为主、专兼结合、数量充足、素质优良、名师辈出的中小学思政课教师队伍。为此，一要加强中小学思政课教师队伍配备管理。核定或调整中小学编制时，应充分考虑思政课教师配备情况，严格按要求配齐思政课教师；严把选聘的政治关、师德关、业务关，让有理想的人讲理想，有信仰的人讲信仰，师德高尚的人讲思政课；建立中小学思政课教师退出制度，针对在教育教学活动中损害党中央权威、违背党的路线方针政策的教师，按相关要求从严处理，针对违反职业道德行为的、不能胜任思政课教学和未按要求完成培训学时的教师，及时调离或退出思政课教师岗位。二要全面提升中小学思政课教师素质。例如，加强思想政治建设，建立中小学思政课教师轮训制度，着力加强对马克思主义理论、师德师风、形势与政策的学习教育；加强专业能力培训，制订出台中小学思政课教师专业标准，培养思政课“种子”教师；加强实践教育，建立健全实践教育和校外实践锻炼制度，定期组织中小学思政课骨干教师出国研

修；加强源头培养，加强高校思政教育相关专业建设，适度扩大招生规模，实施中小学思政课骨干教师提升计划等。三要不断创新中小学思政课教师评价激励机制。例如，改革中小学思政课教师评价机制，突出课堂教学质量和育人实效的导向，制订与中小学思政课教师岗位特点相匹配的评价标准；完善中小学思政课教师教学改革激励机制，引导广大思政课教师不断提高教育教学水平，推进国家级中小学思政课名师工作室建设；健全中小学思政课教师表彰奖励机制，在有关表彰中向思政课教师倾斜。

第二，加强思政课教师理论学习。思政教育的理论水平、思想水平决定了思政教育的专业性、有效性。西南位育中学注重思政教育的理论学习，通过专题讲座、集体学习、研讨交流等方式，将习近平新时代中国特色社会主义思想以及相关理论纳入思政教师的日常学习范畴，不断提升其理论储备，增强思想引领。

第三，加强组织建设，夯实思政教师发展基础。西南位育中学注重处理好教师个体发展和集体发展的关系，在倡导教师个体专业自觉的同时，努力做好思政学科教研组建设，把教研组打造成为一个团结协作、相互支持的正式组织。依托教研组，学科带头人和骨干教师能够更好地发挥对青年教师的引领作用，能够集合整体力量系统开展思政教学改革和思政社会实践类课程的研发，能够及时交流共享课题研究和教学改革的成果，能够为每一个教师“一专多能”的成长提供组织保障。经过多年的建设，我校思政学科教研组已经成为区域内知名的教师专业发展团队，他们在基于标准的教学理念下开展的思政学科社会实践活动评价等领域的研究在市区内产生了较大影响。

第四，创新支撑举措，丰富思政教师成长路径。西南位育中学不断丰富教师专业成长的路径体系，特别是通过“指路子、结对子、架梯子、树杆子、暖心窝子”的教师专业发展成长机制，建立教师专业成长支持网络体系，帮助教师做好发展规划，发挥优秀教师的榜样引领作用，让每一个教师的专业成长都有“贵人指点、高人指路”。对于思政教师，除了上述普遍性的做法外，学校还特别注重对他们的人文关怀，通过价值引领机制、幸福管理机制和社会支持机制的建构，着力提升思政教师的幸福感和获得感，激发他们的专业情怀，为其专业成长提供源源不断的内生动力。

## 二、构建“三种文化”融合的文化浸润教育新模式

在2020年新年贺词中，习近平总书记强调，“爱国主义情感让我们热泪盈眶，爱国主义精神构筑起民族的脊梁”，热情礼赞举国上下澎湃如潮的爱国主义情感，深刻揭示爱国主义精神的时代意义。《新时代爱国主义教育实施纲要》(以下简称《纲要》)中强调，“爱国主义是中华民族的民族心、民族魂，是中华民族最重要的精神财富，是中国人民和中华民族维护民族独立和民族尊严的强大精神动力，激励着一代又一代中华儿女为祖国发展繁荣而自强不息、不懈奋斗”。《纲要》从总体上擘画了新时代爱国主义教育的新要求、新部署，也为学校教育改革提出了新的改革空间和挑战。

强化爱国意识，提升爱国素养，最为关键的是抓牢完全中学七年一贯制优势，通过系统有效的教育载体和方式，开展深入、持久、生动的爱国主义教育，让爱国主义精神牢牢扎根，入心、入脑、入行。但新时代的爱国主义教育内涵与外延极广，如何既呈现完全中学的优势，又能抓住爱国主义的有效载体？对此，要在《纲要》与完全中学特色中寻找联结点。《纲要》强调了文化的育人价值，强调挖掘中华传统文化、社会主义先进文化以及历史文化的教育价值。而中学阶段应该围绕提升学生爱国主义的核心要求，在课程变革和人才培养体系改革的过程中，充分整合挖掘各种文化的教育资源，通过丰富的教育载体提升学校爱国主义和道德教育的有效性。在实践中，西南位育中学深度整合学校内外的革命文化、中华优秀传统文化和社会主义核心文化资源，通过深化“三种文化”教育，坚定学生的文化自信，植育学生的梦想之魂，切实提升了学校爱国主义教育的有效性与切实性。

### （一）以青年党校为抓手，深化革命文化教育

革命文化是中华民族最为独特的精神标识，展现了马克思主义与时俱进的理论品格。《纲要》表示，“继承革命传统，弘扬革命精神”是爱国主义教育的重要组成部分。中学要将革命文化资源纳入学生教育体系，探索形成以青年党校为抓手，年级组、班主任、教师共同参与，社区资源参与，学生自主管理参与的革命文化教育模式。

1. 构筑初高中一体化的学生理想信念教育机制

学校一般由党委、共青团、少先队组成，青年党校依托少先队、共青团构筑初高中一体化的学生理想信念教育机制。其中，初中低年段主要通过少先队组织的引领，强化爱国家、爱上海、爱学校的意识；初中高年段通过少年团校、团员发展大会等，做好共青团、少先队的联动和衔接；高中阶段着力实现从团校到青年党校的提升，抓实爱党、爱国教育这个核心环节，通过宣传优秀共产党员事迹、党员家长进课堂、微型党课大赛等方式，向青年学子宣传革命文化教育，传播党的知识，扩大党组织的影响力和感召力。此外，为做好党、团、队的联动和衔接，学校利用“1+1>2”模式，做好青年党校学员、团员和少先队员的“结对子”工作。

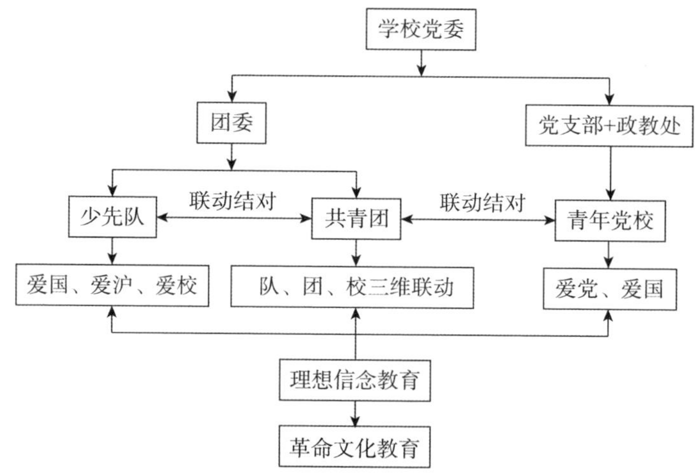


**图 3-1　初高中一体化的学生理想信念教育机制**

例如，西南位育中学青年党校开设了近二十年，已形成体系化的组织架构、课程设置、人员安排和特色项目。近年来，青年党校还与研究型课程、志愿者服务、生涯规划相结合，打造出依托仪式教育、学生社团、自主管理平台和各类教育基地的红色课程。青年党校红色课程由理论课和实践课两大类组成。理论课部分主要依托政治组和历史组教师、年度优秀党员、外聘专家为师资，经过多年运作形成系统化课程；实践课部分包括每年 4 月由学生青年党校统一安排的龙华烈士陵园的集体祭扫活动，两年共两次；青年党校还与学校团委、校办及社区相关部门通力合作，向学员提供志愿者服务的机会。

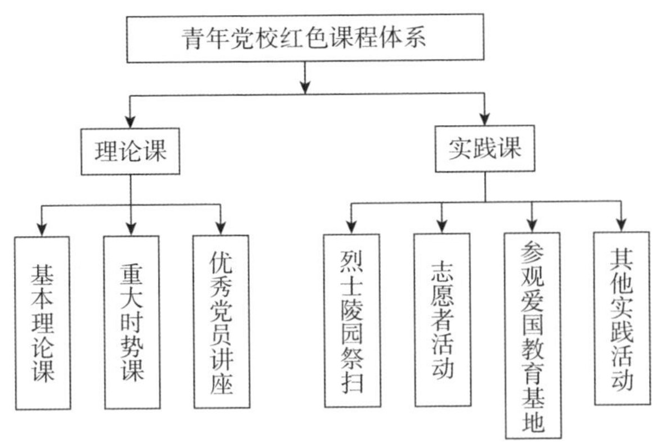


**图 3-2 青年党校红色课程体系**

2. 搭建初高中一体化的革命文化教育平台

借助仪式教育、重大党建活动与主题教育，实现点、线、面三管齐下，推动革命文化教育向纵深发展。

首先，利用完全中学党、团、队同时存在的优势，以党带团，以团领队，加强对学生的理想信念教育，催生政治认同与爱国热情，探索初高中一体化的纵向衔接系列仪式教育活动，如“十四岁生日”“十八岁成人仪式”“入团审批会”“清明节祭扫烈士陵园”“清明诵诗会”“红五月歌会”等活动，力争使这些活动成为我校特色化和品牌化实践活动项目。

其次，依托重大党建节点，举办各种喜闻乐见的系列纪念活动，努力营造良好的革命文化学习氛围，激发学生弘扬优秀革命传统的自觉性。近年来，先后举办了“90 党龄 · 90 风采”“与历史同步伐，与时代共成长”“弘扬长征精神，争做时代新人”等主题活动，成效明显。

最后，利用主题教育平台，化被动接受为主动探究，在初一与高一阶段开展爱国主义课题研究，学生自主形成课题研究小组，指导老师负责跟进。从选题到问卷，再到调研，初一年级历时一学期，高一年级历时一年，最终形成课题研究报告。调查数据显示，高中生理想信念主流是积极健康的，但部分高中生存在理想信念模糊、功利化、个人色彩浓厚与理想信念多元、异变四个问题。当被问及“你认为最重要的理想是什么”时，仅有 35% 左右学生选择“社会理想”。据此，研究小组以学生为主体，在自我树立正确理想信念的道路上，明确学生自身可以做什么，学校、社会、家庭又可以为其提供何种帮助与支持。

3. 注重革命文化教育理论与实践双向联动

坚持数十年开设“名人班”，如宋庆龄班、钱学森班等，通过名人传记的阅读、生平事迹的学习到故居、纪念馆的走访，让学生从名人的身上全方位地体悟革命文化。通过开展“漫步红色场馆”“和我的祖辈们聊聊天——采访老党员”等活动，帮助学生丰富实践体验，深化爱党、爱国的情感。

近年来，西南位育中学将学校爱国教育延伸至场馆，实现理论与实践的双向联动。例如，七个年级的历史学科以落实家国情怀教育为目标进行系统性的实践和探索。新课程改革背景下，学校借助上海丰富的历史场馆资源，多次对场馆进行实地考察，挖掘育人价值，并在此基础上衍生出系列活动，如进馆教学、演讲比赛等。而近两年，对于场馆课程的开发已经不仅仅停留在知道、理解场馆内容的层面，课程开发的目标已经指向有所创新的层面。值得一提的是，以上海博物馆的场馆资源为依托，引导学生利用任务单在上海博物馆进行实地考察，同时将学生任务课题化，鼓励学生借助课题进行主动探索研究。区课题申请之际，历史组成功申报了区级规划课题“历史场馆研究性学习的专题课程开发探究——以上海博物馆为例”。

4. 以青年党校建设为抓手，增强学生认同感

一位党员一面旗，一位党校学员一个发光体。经过重重把关、精心培养，青年党校学员逐步成为学生队伍中的最先进的力量。青年党校与学校团委、学生会、社团等平台联动，合力育人。基本上，学校重大活动中积极的参与者、表现佼佼者都是青年党校学员。在学生中，青年党校学员也起到了积极的引领和示范作用，带动西南位育学生整体素质的提高。

由于生源好，学生基本素质高，青年党校面向的对象范围可以扩大。因此，在保证质量的前提下，青年党校的做法是：在高一新生入学时，以自愿报名为主、各班团支部把关、年级组联动的方式来确定在校党校学员。基本上，参加青年党校学习的学生占在校学生人数的40%左右。通过青年党校，进行党的知识启蒙教育，包括党史、党章、党的情感教育，提高学员的政治热情和政治觉悟，加深对党的认识，进而引导学员逐步建立共产主义信仰；在理论学习的基础上，通

过丰富的实践活动，把个人的成长和服务他人、服务社会联系起来，从而加强学员的责任意识。学员按照规定修完课程之后可以毕业，并按比例进行优秀学员评定，为高校党组织发展党员函调工作提供重要参考依据。

（1）青年党校的组织建设和课程设置与管理

① 组织建设

青年党校由学校党委建立和领导，具体由高中支部负责，并委派专门党员教师指导工作的开展；接受学校行政领导和帮助，依托年级组，选拔优秀的青年党校学生学员。

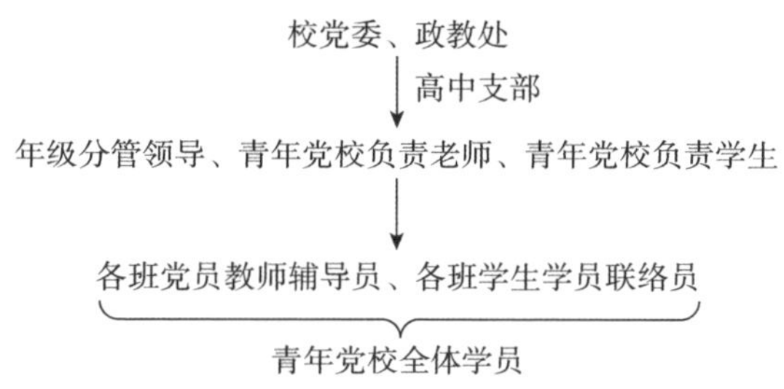


**图 3－3　西南位育中学青年党校组织结构图**

在组织建设上，特别强调三点：一是紧紧置于校党委领导之下，由支部、党员教师层层把关，保证党校工作的方向和质量；二是积极依托政教处、年级组、行政班级，保证青年党校工作的落实和推进；三是师生共同参与，信息双向传递，保证青年党校工作的针对性和实效。在青年党校的实际管理中，年级组的大力支持、班级联络员的积极参与、各班党员教师辅导员与本班党校学员的及时沟通都为青年党校工作的顺利开展做出了很大的贡献。

② 课程设置与管理

青年党校采用高一高二联培模式，学制两年，高一第一个学期开班，高二第二学期结业，统一发放《上海市西南位育中学青年党校学生手册》。为保证学员培养的连贯性和一致性，原则上不允许其他学生中途加入。如有特殊情况需中途入学，此类学员仅参与课程学习，不予以结业和评优。

青年党校红色课程包括理论课和实践课两大类课程。理论课部分主要依托政治组和历史组教师、年度优秀党员、外聘专家为师资，经过多年运作形成系统化课程。具体来说，理论课第一个板块为基本理论课，高一阶段四节课，主题为中国共产党党史的学习;高二阶段三节课,主题为《中国共产党党章》的学习;理论课第二个板块为重大时势课,每年开设两节课,每级学员共四节课,主题一般上半年围绕"两会",下半年围绕"党代会";理论课第三个板块由优秀党员讲座构成,每年开设一节课,每级学员共两节课。

**表 3-1　西南位育青年党校理论课设置**

| | 高一学年 | |
|---|---|---|
| 基本理论课 | 主题 | 主讲人 |
| | 第一讲:开班典礼——如何建立正确的信仰 | 校党委书记 |
| | 第二讲:中国共产党党史一(1921—1949) | 王红妹(政治老师) |
| | 第三讲:中国共产党党史二(1949—1978) | 谭倩(历史老师) |
| | 第四讲:中国共产党党史三(1978—至今) | 李镭(历史老师) |
| 重大时势课 | 第一讲:聚焦年度"两会" | 张勤(政治老师) |
| | 第二讲:聚焦年度"党代会" | 王凡(政治老师) |
| 优秀党员讲座 | 如何践行一个共产党员的信仰 | 另定 |
| | 高二学年 | |
| 基本理论课 | 主题 | 主讲人 |
| | 第一讲:端正入党动机 | 王凤媛(政治老师) |
| | 第二讲:中国共产党的性质、宗旨与指导思想 | 徐旋(政治老师) |
| | 第三讲:党员的权利和义务 | 外聘 |
| 重大时势课 | 第一讲:聚焦年度"两会" | 张勤(政治老师) |
| | 第二讲:聚焦年度"党代会" | 王凡(政治老师) |
| 优秀党员讲座 | 如何践行一个共产党员的信仰 | 另定 |

实践课部分包括:每年 4 月,由学生青年党校统一安排龙华烈士陵园集体祭扫,两年共两次;青年党校还与学校团委、校办及社区相关部门通力合作,向学员提供志愿者服务的机会;此外,青年党校还鼓励学员利用节假日时间自行(个人或小组)参观爱国教育基地、开展社会考察等多种形式的实践活动。

在学分分配上,理论课部分:基本理论课分值为 3 分/节,下节课共 21 分;重大时势课分值为 2 分/节,4 节课共 8 分;优秀党员讲座分值 2 分/节,2 节课共 4 分。实践课部分:参加龙华烈士陵园祭扫分值为 3 分/次;参加志愿者活动分值为 2 分/次;参观爱国教育基地分值为 1 分/次;其他实践活动酌情予以学分。为便于管理和统计,青年党校负责的老师和学生定期登记并统计学分,为每位学员建立学分管理卡。

**表 3-2 西南位育中学青年党校学分管理卡**

<table>
<tr><th></th><th colspan="3">高一学年</th><th colspan="3">高二学年</th></tr>
<tr><td rowspan="7">理论课</td><td rowspan="4">基本<br>理论课</td><td>第一讲</td><td></td><td rowspan="4">基本<br>理论课</td><td>第一讲</td><td></td></tr>
<tr><td>第二讲</td><td></td><td>第二讲</td><td></td></tr>
<tr><td>第三讲</td><td></td><td>第三讲</td><td></td></tr>
<tr><td>第四讲</td><td></td><td colspan="2"></td></tr>
<tr><td rowspan="2">重大<br>时势课</td><td>第一讲</td><td></td><td rowspan="2">重大<br>时势课</td><td>第一讲</td><td></td></tr>
<tr><td>第二讲</td><td></td><td>第二讲</td><td></td></tr>
<tr><td colspan="2">优秀党员讲座</td><td></td><td colspan="2">优秀党员讲座</td><td></td></tr>
<tr><td rowspan="4">实践课</td><td colspan="2">龙华烈士陵园祭扫</td><td></td><td colspan="2">龙华烈士陵园祭扫</td><td></td></tr>
<tr><td colspan="2">志愿者活动</td><td></td><td colspan="2">志愿者活动</td><td></td></tr>
<tr><td colspan="2">爱国教育基地</td><td></td><td colspan="2">爱国教育基地</td><td></td></tr>
<tr><td colspan="2">其他实践活动</td><td></td><td colspan="2">其他实践活动</td><td></td></tr>
</table>

在考核上,学员考核学分须由理论课学分和实践课学分两部分构成。两年内,7 节基本理论课必须上满 5 节,即此项必修学分为 15 分;4 节重大时势课必须上满 2 节,即此项必修学分为 4 分;2 节优秀党员讲座必须上满 1 节,即此项必修学分为 2 分。实践课无必修项目,但需达到必修分值 4 分。学分是学员能否结业的基本标准及学员评优的主要标准。两年内,学员未修满 25 学分,不予以结业;每学年,根据学员学分高低及综合表现等,评选出 10%的优秀学员。

总之,青年党校以学分制课程建设和管理为核心,让学员系统学习党史、党章,并结合党的理论展开时事政治教育;重视学员参与社会实践,引导学员在学习和实践的过程中,深入了解党,向党组织靠拢,从而树立共产主义信仰。

(2) 青年党校的实施情况及效果

从学员培养上看,青年党校成为学生接受党的知识教育的主渠道、学生党建工作的主战场。实践证明,通过对学生进行党的基本知识教育,不仅提高了学生的思想政治素质和理论素养，也有力地提高了学校德育工作效能和教学质量，为高等院校输送了一大批品学兼优的优秀学生和入党积极分子。据许多重点大学反映，西南位育中学毕业生不仅基础知识扎实，学习成绩普遍较好，而且思想品德好，工作能力强，政治上积极要求上进。据不完全统计，西南位育中学青年党校结业的学员中，有 70%在大学里担任班团干部，50%在大学入了党，多人被大学评为各种积极分子、优秀学生干部、优秀毕业生、优秀党员。

从课程开发角度看，系统的课程设计和相对稳定的师资力量确保了党校的授课质量，涌现了很多经典的、深受学生欢迎的课程。政治老师张勤的“从‘两会’热词看党的先进性”一课还被推荐到徐汇区教育党工委，为区级入党积极分子提供精神食粮。

从青年党校建设和学校其他德育活动来看，青年党校还会配合上级单位、学校、年级组等工作，在不同时期针对不同社会热点对学员进行专题教育，开展主题活动。例如，2011 年，青年党校围绕建党 90 周年策划了系列活动，包括开展以家长榜样为基础的优秀老党员足迹寻访活动，组织党校学员参加“党在我心中”“光辉的旗帜”征文活动，组织学生参加上海市“红色记忆”主题论坛，组织学生参加“不忘过去、薪火相传”徐汇区中学生走访退休老干部活动，组织高二年级参加“红色记忆、青春之歌——学习党史、明确责任”主题演讲活动等。高二(4)班党小组、高二(2)班党小组的走访记录已被结集出版。学员蒋思玮的《路》还获得全国“光辉的旗帜”主题征文一等奖。2012 年是建团 90 周年，青年党校又策划了西南位育中学“我的青春我的团”纪念建团 90 周年暨“一团一品”展示活动，把平时团组织工作中、青年党校工作中的积极分子推到台前，取得了非常好的效果。

社会实践方面，青年党校带着学生走出校园，参观一些爱国主义教育基地或人文教育场所，开展主题实践活动，进一步强化学生们的理论知识，使理论教学转化成现实的生动鲜活的事例教育。除组织参观中共一大会址、龙华烈士陵园、长宁区青少年法庭等活动外，2011 年 5 月，青年党校还组织高一、高二学生一起去中华第一村——华西村进行社会考察，让学生“带着课题去观察、带着课题去思考”(高一课题主要是农村集体经济、新农村建设方向，高二课题是基层民主制度方向)，利用暑期做课题研究，从中国经济社会发展的实践中，来认识中国共产党的光荣、伟大。此外,青年党校还积极组织学员参加大量的社会服务、志愿者行动,如学员除参加青年党校传统的实践项目上海市青少年机器人知识与实践志愿者服务、地铁志愿者服务、龙华烈士陵园志愿讲解外,还积极参加徐汇区、田林社区的活动,如土山湾博物馆、浩清图书馆、田林阳光之家志愿服务等。在服务中,学员不仅提高了能力,还树立了服务社会、服务他人的责任意识,体验到了为社会服务的快乐。

更加可喜的是,青年党校学员和各班党小组还会依托家长或者社区资源,自主开发实践形式。例如,2009 级原高二(3)班田弘同学的外公田庚元是中国科学院上海有机化学研究所教授,先后发表过科研论文 40 多篇,获得发明专利权两项,参与编写学术著作四部,先后取得具有国际先进水平或国内领先水平的"天花粉蛋白""牛膝多糖""枸杞子中免疫活性糖蛋白"等十项科技成果。该班青年党校学员以班级为单位,走出教室,对田老进行采访,尤其是田老关于"党员科学家首先应该牢记自己是一个共产党员,然后才是科学家。也就是说,一个党员科研人员首先应该想到的是国家和人民,是党的事业和奋斗目标。严格要求自己,在工作中、生活中,处理好国家、集体和个人三者的关系。我想退休后也应该时时想着如何为建立一个民主、公正、和谐的社会尽自己的一份责任"的肺腑之言,被很多学员写到了思想汇报中。

且行且思,青年党校在学生理想信念教育等方面取得了很多成就,但是也有一些问题需要思考:两年的学制,强调了对学生全面、持续引导和教育的同时,是不是显得太长?青年党校的教师全部是兼职的,虽然目前已经相对稳定,但是要保证教育教学工作前提下,教师用在青年党校学员培养的方面的精力是不是会受到影响?随着学员实践活动的日趋丰富,青年党校活动经费该如何解决?等等。希望在接下去的实践中,在全体青年党校老师的努力下,青年党校会逐步解决这些问题,为高校和社会输送更多具有坚定信仰和勇于承担社会责任的优秀人才。

### (二)以课程一体化,深化中华优秀传统文化教育

西南位育中学注重引导学生了解中华民族的悠久历史和灿烂文化,帮助学生从中汲取营养和智慧;引导学生以礼敬自豪的态度对待中华优秀传统文化,

发掘其丰厚的道德资源。西南位育中学扎根中华优秀传统文化教育，把"中和位育"作为学校办学理念之源、管理之基、方法之据，形成较为顺畅的运行机制和比较完整的操作序列。

1. 课程教学目标立体化，全方位滋养心田

以中华优秀传统文化中的和谐教育思想作为思想渊源，聚焦"中和位育"办学理念，校本读物《五常新说》由首任校长庄中文执笔，现已完成。该读物围绕"仁、义、礼、智、信"这五大道德元素，结合时代精神和学生生活实际，进行细致阐述，分上篇（供预初、初一学生学习使用）、中篇（供初二、初三学生学习使用）、下篇（供高一、高二、高三学生学习使用）。以此为基础，结合学生成长的阶段性特征，建构了纵向递进、横向拓展的德育目标体系。因课时有限，主要借助班会课、政治课、主题教育课、人文大讲堂时间进行有效渗透学习，并将一部分内容拍摄成专题动画片，供全体初中学生学习。

**表 3－3　基于中华优秀传统文化的德育目标体系**

| 年级 | 教育目标 | 仁 爱国爱民<br>民主平等<br>关爱他人<br>推己及人 | 义 弘扬正义<br>践行恩义<br>建情积谊<br>回报社会 | 礼 遵守规范<br>孝敬谦恭<br>修身律己<br>和谐文明 | 智 乐学发奋<br>以慧做人<br>明理达智<br>自省反思 | 信 忠信立身<br>至诚廉洁<br>言信行果<br>敬业求是 |
|---|---|---|---|---|---|---|
| 预初<br>初一 | 迈好青春第一步 | 认识自我<br>热情亲近他人<br>平等尊重他人<br>融入集体 | 辨善恶美丑<br>懂得感恩<br>学会自我负责 | 知礼让<br>尊敬师长<br>树立规则意识 | 适应转变<br>善于思考<br>勤于钻研<br>自我管理 | 真诚朴实<br>做事讲究实效 |
| 初二<br>初三 | 树立正确的苦乐观 | 悦纳自我<br>乐于帮助他人<br>真诚提醒他人<br>共建集体 | 明正邪是非<br>真诚友善<br>树立集体意识 | 懂礼节<br>恭敬待人<br>自觉遵守规则 | 学会规划<br>增强解决问题能力<br>自律慎独 | 言之有信<br>锤炼担当才能 |
| 高一<br>高二 | 站稳人生新的起跑线 | 调适自我<br>大度宽容他人<br>同情谅解他人<br>树立民主意识 | 妥帖适度<br>磨炼强己<br>担当社会责任 | 行礼仪<br>谦逊得体<br>学会制订规则 | 自我定位<br>思维创新<br>成长自觉<br>刚柔相济 | 知行合一<br>承担责任 |
| 高三 | 做一个堂堂正正的中国人 | 提升自我<br>处处想着他人<br>己欲立而立人<br>立报国之志 | 积善慎微<br>坚守道义<br>承担国家义务 | 遵礼制<br>中和处世<br>善于统筹兼顾 | 努力攀登<br>整体把握<br>大处着眼<br>超越自己 | 心有信念<br>书写远大理想 |

2. 课程教学内容序列化，分年级浸润熏陶

以学生需求、年级特点为逻辑起点，构建了以年级为单位、初高中衔接、整体设计、主题鲜明、层次凸显、相互渗透、动态递进的中华优秀传统文化系列化课程体系。在各年级课程目标的基础上，对内容进一步完善，实现大主题不断完善、小目标不断细化。例如，预初年级既有“孝敬谦恭”大主题，又分解设计了“知恩”“感恩”“报恩”等小主题。我们开发了《五常新说》、初高中《古文选编》等校本教材，设计了“读家信、写家信”“红红中国节”“家长榜样寻访”“礼仪修身”“人文大讲堂”等系列德育实践课程。

**表 3－4 西南位育中学校本德育课目总框架**

| 年级 | 教育目标 | 校本课目 | 重点与特色教育活动 | 课时 | 资源利用与开发 | 总结评价 |
| --- | --- | --- | --- | --- | --- | --- |
| 预初年级 | 主题：<br>孝敬谦恭<br>分目：<br>（1）知恩<br>（2）感恩<br>（3）报恩 | 1. 弘扬中华传统文化系列讲座<br>第一讲：孝敬谦恭——爱从这里起步<br>2. 重点格言五条，古今中外英雄偶像六个<br>3. 自编校本读物《五常新说·上篇》第一讲至第六讲 | 1. 读家信、写家信，传真情、领感恩<br>2. 九九重阳节，浓浓敬老情<br>3.“三八”节：妈妈（外婆、奶奶），让我为你做件事<br>4. 感恩父亲节，图文表真情<br>5. 心灵手巧，生活技能大比拼主题活动<br>6.“中华文明长久远，美德代代传”知识竞赛<br>7.“美德在心里积极践行中”主题演讲 | 合计：33 课时<br>政治课：6 课时<br>主题教育：2 课时<br>校班会：19 课时<br>社团课：1 课时<br>课外活动：5 课时 | 1. 家长写一封信给子女，拨动真情<br>2. 发挥身边家长榜样力量<br>3.《百家讲坛》等优秀电视节目进课程 | 1. 学生自我总结<br>2. 家长反馈性评语<br>3. 竞赛性活动，如“感恩母亲节，短信表真情”评比<br>4. 评比表彰一批“孝敬感恩好孩子” |

（续表）

| 年级 | 教育目标 | 校本课目 | 重点与特色教育活动 | 课时 | 资源利用与开发 | 总结评价 |
| --- | --- | --- | --- | --- | --- | --- |
| 初一年级 | 主题：<br>发奋乐学<br>分目：<br>（1）知学<br>（2）善学<br>（3）乐学 | 1. 弘扬中华传统文化系列讲座<br>第二讲：发奋乐学——树立正确苦乐观<br>2. 重点格言八条，古今中外榜样五个<br>3. 自编校本读物《五常新说·上篇》第七讲至第十二讲 | 1. 家长榜样进课堂（寒假家长榜样采访）<br>2. 名人发奋乐学故事会<br>3. 学哥、学姐与我们面对面<br>4. “自修课的自我管理”讨论会<br>5. 拿手学科学习方法交流及学生个人特长展示<br>6. 读书心得交流<br>7. 引进电视节目《百家讲坛》 | 合计：31课时<br>政治课：6课时<br>主题教育：2课时<br>校班会：18课时<br>课外活动：5课时 | 1. 充分利用丰富的家长资源，学习父辈奋斗乐学的成功案例<br>2. 利用家长、社会资源，开展参观考察活动<br>3. 开发高年级优秀学生与校友资源，开展同伴教育 | 1. 身边学生榜样点评<br>2. 学生自我小结<br>3. 学伴互评<br>4. 家长反馈性评语 |
| 初二年级 | 主题：<br>奋斗自立<br>分目：<br>（1）确立奋斗人生目标<br>（2）学会自理自立<br>（3）做个男子汉、新淑女 | 1. 弘扬中华传统文化系列讲座<br>第三讲：奋斗自立——迈好青春第一步<br>2. 重点格言八条，古今中外英雄榜样六个<br>3. 自编校本读物《五常新说·中篇》第十三讲至第十六讲 | 1. 开展“年级组给家长的信”“全体老师给学生的信”活动<br>2. 发动学生收集、整理、学习古今中外心中的偶像，组建自强俱乐部<br>3. 青春期教育专家讲座（男女分开）<br>4. 十四岁集体生日晚会<br>5. 第一批共青团员入团仪式<br>6. 志愿者服务小队活动 | 合计：30课时<br>政治课：4课时<br>主题教育：2课时<br>校班会：18课时<br>课外活动：6课时 | 1. 每个班级发掘家长榜样<br>2. 挖掘社区资源<br>3. 挖掘本校资源，如陈韵如老师身残志坚的自强之路 | 1. 学生自我小结<br>2. 写自强少年周记或自强之路成长记录册<br>3. 家长、学伴对周记或记录册写评语，教师点评<br>4. 年级组、班级表彰典型 |

（续表）

| 年级 | 教育目标 | 校本课目 | 重点与特色教育活动 | 课时 | 资源利用与开发 | 总结评价 |
|---|---|---|---|---|---|---|
| 初三年级 | 主题：敬业自强<br>分目：<br>（1）挖掘潜能添自信<br>（2）抵制诱惑促自律<br>（3）不留遗憾图自强 | 1. 弘扬中华传统文化系列讲座<br>第四讲：敬业自强——做一个最好的"我"<br>2. 重点格言六条，古今中外及身边榜样六个<br>3.《五常新说·中篇》第十七讲至第十九讲 | 1. 年级刊物《大道行思》编印与学习<br>2. 开展"人人都来寻找与交流心中的自强不息英雄"活动<br>3. 主题班会：细数我身边的好榜样<br>4."倒掉砂石、继续前进，努力做一个最好的自己"辅导报告<br>5. 参观访问<br>6. 开展"留下足迹珍惜母校，自律自强感恩母校"活动，隆重举办毕业典礼 | 合计：25 课时<br>政治课：3 课时<br>校班会：18 课时<br>课外活动：4 课时 | 1. 发掘社会资源，参观、学习、访问<br>2. 邀请自强不息模范人物作报告<br>3. 整合与利用学校自身的资源 | 1. 个人反思总结<br>2. 写自律少年周记，教师点评<br>3. 家长反馈<br>4. 教师评议、激励与表彰 |
| 高一年级 | 主题：定位立志<br>分目：<br>（1）内省正心<br>（2）求实笃志<br>（3）培元、敦行 | 1. 弘扬中华传统文化系列讲座<br>第五讲：定位立志——站在人生新的起跑线上<br>2. 重点格言八条，古今中外学习榜样六个<br>3.《五常新说·下篇》第二十讲至第二十四讲 | 1. 开展"立体的自我认知"活动<br>2. 开展"助吾成长，家长座谈——定位立志"的主题班会<br>3."城市探宝"目标意识综合训练<br>4. 参观、采访大型现代企业<br>5. 我的昨天、你的明天——学长校友互动交流<br>6. 开展志愿者活动：土山湾博物馆等义务讲解、浩青图书馆志愿者服务、宜山路交通协管 | 合计：33 课时<br>政治课：5 课时<br>主题教育：2 课时<br>校班会：18 课时<br>课外活动：8 课时 | 1. 开发社区资源，提供志愿者项目<br>2. 开发高校资源，走进高校，规划人生<br>3. 挖掘社会资源，参观城市人文景观<br>4. 邀请名流进校园、走进企业<br>5. 引进《人文大讲堂》节目 | 1. 学生个人小结<br>2. 班级、年级交流互动，班级德育园地、年级橱窗展示<br>3. 家长反馈与评价<br>4. 家长榜样采访活动后设计调查问卷表<br>5. 用照片与文字制作班刊、电子小报及个人成长档案 |

（续表）

| 年级 | 教育目标 | 校本课目 | 重点与特色教育活动 | 课时 | 资源利用与开发 | 总结评价 |
| --- | --- | --- | --- | --- | --- | --- |
| 高二年级 | 主题：挫折磨炼<br>分目：<br>（1）磨炼之音——认识挫折<br>（2）它山之石——接受磨炼<br>（3）躬行之举——战胜自我 | 1. 弘扬中华传统文化系列讲座<br>第六讲：挫折磨炼——成才的最好学校<br>2. 重点格言六条，古今中外榜样六个<br>3.《五常新说·下篇》 | 1. 开展“行者无疆”系列挫折教育<br>2. 开展“关注当下、积累未来”主题报告<br>3. 开展“走石子路，体验吃苦抗挫”实践活动<br>4.“犯其至难、图其致远”学农动员；“激情燃烧岁月”学农总结表彰<br>5.“在困境中坚守，在希望中前行”——身残志坚陈韵如老师辅导报告<br>6.“不经风雨，何见彩虹”——记外出参观 | 合计：29 课时<br>政治课：5 课时<br>主题教育：2 课时<br>校班会：17 课时<br>课外活动：5 课时 | 1. 社区资源：田林社区石子路<br>2. 校本资源：身残志坚的陈韵如老师<br>3. 社会资源：学工、学农基地等 | 1. 学生自我总结<br>2. 写学农日记，自我审视<br>3. 学农自评、互评、教师点评与总结评比、表彰<br>4. 家长反馈 |
| 高三年级 | 主题：学会负责<br>分目：<br>（1）对地球负责<br>（2）对民族、社会负责<br>（3）对集体、他人负责<br>（4）对自己负责 | 1. 弘扬中华传统文化系列讲座<br>第七讲：学会负责——做一个堂堂正正的中国人<br>2. 重点格言六条，古今中外榜样五个<br>3.《五常新说·下篇》 | 1. 顾炎武生平事迹解读、故居参观，并写观后感<br>2. 对开学演讲内容的品味与思考<br>3. 解读各大名校校长的开学寄语；聘请家长作职业规划讲座<br>4. 白岩松：“我的中国梦”<br>5. 学生交流大会：燃烧荆棘，成就大道<br>6. 参观钱学森图书馆，为低年级学生及家长讲解<br>7. 隆重举办成人仪式，精心策划离校仪式 | 合计：24 课时<br>政治课：2 课时<br>校班会：17 课时<br>课外活动：5 课时 | 1. 发掘社会资源，开展参观、访问<br>2. 充分挖掘大学资源<br>3. 发挥家长的教育功能 | 1. 学生阶段性小结反思<br>2. 第一学期自我分析总结与新学期自我的承诺进行跟踪对照<br>3. 撰写“我与母校共成长”征文<br>4. 教师激励性点评与学期评语 |

3. 课程教学方法以学生为主体,有感悟更见行动

以学生为主体,尝试用和谐德育方式教育人,帮助学生达成内外部诸要素的整体和谐互动。

一是从灌输到对话。创设贴近学生真实生活的情景,通过对社会热点事件、热点话题和案例的讨论,演讲、辩论等,增强学生辨别是非的能力;通过“大道行思”“我思故我在”“明德小语”“思录园”等无声课堂,提升学生对道德两难问题的思辨能力。

二是从感悟到行动。通过“城市探宝”“我秀我精彩”“离校仪式”“走石子路”等实践体验活动,让学生把道德认知外化为道德实践;通过“志愿者服务”“月主题活动”“长假社会调研”等,使学生在践行中提升对中华优秀传统文化的认识。

(三)区域一体化,深化社会主义先进文化教育

中学教育要强调社会主义核心价值观、社会主义先进文化的引领和教育价值。西南位育中学立足“学区化办学”大背景,推动田林虹梅学区11所中小学及所属街道、企业、院所协同联动,以提升社会主义先进文化教育的针对性、有效性。

第一,科学架构,促进顶层设计的系统化。基于学校党建优势,借助多样平台,聚焦立德树人根本任务,实现义务教育均衡发展,西南位育中学受托成为上海市徐汇区田林虹梅学区化办学(包含公办小学7所,公办初中3所,民办完中1所)主任单位与强校工程支援校。西南位育中学党委以理想信念教育为抓手,打造学区11校党支部书记领衔的学区特色。“党团队一体化——中小学理想信念培育联合体”项目由上海市委党校作理论指导,社区党员服务中心整合资源,每个学校的队校、团校、党校具体实施,实现学区内中小学生教育目标、教育资源、课程内容、师资研修、评价的一体化衔接贯穿。

第二,多元协同,促进多样活动的融合。从“沐浴新时代的阳光——成长节活动”“爱祖国、爱家乡——理想信念教育调研”“新时代如何上好思想政治课”“德润田林讨论会”等四个活动入手,增强徐汇区各校学生对社会主义先进文化

的理解和认知;设立了“人文大讲堂”,拓宽学生视野,激发学生爱国热情和无私奉献精神;举办“院士进校园活动”,让同学们领略国内、国际顶尖学者的风采,激发他们的奋斗决心、报国意志;将法治教育纳入学校“大德育”体系建设,从初中阶段的“法治演讲”“模拟政协”,到高中的“模拟联合国”“模拟法庭”等,一系列丰富多彩的法治主题实践活动让法治教育深入人心。

习近平总书记在学校思政课教师座谈会上指出,“思想政治理论课是落实立德树人根本任务的关键课程”。思政课是青少年“拔节孕穗期”最必需的营养来源。浇花浇根,育人育心,思政课的营养需要精准滴灌。2019 年,西南位育中学以田林虹梅学区及徐汇区完全中学教育集团化办学为平台,深入探究如何开展小学道德与法治课,初中课外社会实践与探究活动及高中的思想政治理论课。以新课程改革为背景,以新教材为抓手,以提升学科核心素养、落实《关于深化新时代学校思想政治理论课改革创新的若干意见》文件精神为目标,来增强思政课堂的温度、深度及活跃度。

第三,扎根共赢,促进优质经验的辐射。学区德育一体化中的优质课例、教师感悟、宝贵经验等在由学区工作委员会牵头创办的《实践与创新》杂志上发表。该杂志定位“立足于学区,聚焦于学校,辐射于社区以及家庭”,让学区内每一所学校的社会主义先进文化教育都留下痕迹,让每所学校师生拥有展示德育的阵地。该杂志成为学区内教师、学生、家长跨校交流的平台,成为加强交流分享的重要帮手和精神文化园地,受到社会各界的好评。该杂志推出的“学区社会主义核心价值观书法展”“改革开放四十周年摄影展”“红红中国节作品展”等内容,涵盖先进文化的各个方面,并邀请专家参与点评、评奖,进一步提升了学区爱国主义教育一体化实效。

第四,切实加强爱国主义教育。如何进一步将《新时代爱国主义教育实施纲要》真正贯彻到学校工作各方面,不断强化爱国主义教育,弘扬爱国主义精神,需要从以下几方面做出努力。第一,爱国主义教育要多走心。开展爱国主义教育不能空对空、走形式,而是要多走心,提高爱国主义教育的精准性。第二,爱国主义教育要入脑入心。要想实现爱国主义入脑入心,更丰富的教育渠道、更活泼的教育方式是关键,如强化“互联网+”教育方式的探索,用活“学习强国”APP 多样资源。第三,爱国主义教育要抓重心。青少年是祖国的未来、民族的希望。习近平总书记在中共中央政治局会议上明确要求,“要坚持全员、全过程、全方位育人,在广大青少年中开展深入、持久、生动的爱国主义教育,让爱国主义精神牢牢扎根”。我们要牢牢抓住青少年这一爱国主义教育的重点群体,汇聚学校、家庭、社会的合力,着力培养社会主义的建设者与接班人。

## 三、分德目、分领域、分年段达到知、情、行合一

21 世纪国力竞争日趋激烈,竞争的关键在于人才的竞争。资优生是我国参与未来全球人才竞争核心力量的后备军。经济全球化、文化多元化、世界政治格局的新变化,给中国基础教育发展提出了更新、更高的要求;现代社会各种道德准则和价值观的交汇与冲突,更令资优生的德育面临着严峻的挑战。正如陶行知先生所说,“道德是做人的根本。根本一坏,纵然使你有一些学问和本领,也无甚用处。没有道德的人,学问和本领愈大,就能为非作恶愈大”。目前,中小学教育对学生的关注点主要聚焦于对学习能力、实践能力和科学创新能力的培养,但对其道德发展上诸多问题的重视还远远不够。因此,我们决不能在教育功能多元化中迷失核心价值,漠视中学生德育在其终生发展中的重要作用,我们应注重在教育学生学会做事、学会做学问的同时,更要先学会做人。加强中学生德育的探索,是当代教育工作者面向未来的一项无法回避的重要课题。

### (一)探索推进中学生道德发展的新路径

劳伦斯·科尔伯格(Lawrence Kohlberg)是西方道德认知发展理论的创立者,他认为,道德发展与认知发展密切相关,认知发展是道德发展的基础,道德发展不能超越认知发展水平。中学生的认知发展水平已得到比较充分的发展,但其道德发展实际状况如何,我们应该对其有一个比较全面与透彻的了解,做到心中有数。为此,我们对中学生道德发展状况做了调查和分析。

经过调查,我们发现,目前中学生道德发展状况具有以下几点优势:(1)大部分中学生对我国的社会制度、共同理想、祖国统一大业等的了解度和认同度颇高,能积极关注时事,关心国家大事,对国家政治生活与社会工作的参与意识

比较强烈;(2)由于经常开展分主题弘扬传统文化系列教育与培养领袖骨干群体教育活动,大部分学生对中华民族传统美德的认同度很高,遵守公德意识较强,爱国情感倾向鲜明,在公共生活中表现出的责任感与参与热情较高;(3)在与他人的日常交往中,能做到对他人负责,讲究诚信,集体荣誉感强烈,九成左右的中学生能认同学习的重要性,能对自己负责,有追求目标与抱负,生命意识强烈,懂得珍视生命。(4)自尊心比较强,能理性地处理问题,自控自制能力远高于同龄人,并具有一定的法治意识。

但同时,调查结果也呈现出中学生道德发展中不尽如人意的地方。(1)对现阶段的核心价值观认知度还有待提高;把学业成绩与卷面分数看得过重,全面发展的意识相对欠缺。(2)公共生活主动参与度还不够,在公共场合主动维护公共秩序,且以合理办法制止不良行为的主观愿望不强,怕得罪人、怕惹事的观念较强。(3)在集体事务中,依靠内力自觉主动参与愿望不强;常常在思想上有责任心,但行动力尚不足,尤其对默默无闻、无名无利的善举动力不足;遇事比较主观、自我,看重个人的感觉而不太懂得感恩与尊重他人;能关注集体荣誉,但与自身利益相冲突时,往往放弃集体利益,服务他人和奉献社会的精神还有待进一步提高;部分资优生以非显性形态,呈现知与行的双重表现,显露一定的双重人格特征倾向。(4)严己宽人思考方式与自律能力还有待增强;情绪波动变化大,处事情绪化倾向较强;面对挫折思想准备不足,渴望顺境,畏惧磨难,缺乏意志力,持之以恒、永不言败的毅力与韧性还很不够。

基于对中学生道德发展的现状的基本认识,针对调查中呈现的问题,要从学生自身、学校、家庭和社会等内外部、多侧面地进行了分析。我们认为,学校德育工作在内容、方式、方法上还存在着不足与缺失是众多因素之一。因此,针对中学生深层思想的丰富性及思想不易外露的心理特征,除了构建政治学科+课堂渗透+道德行为规范训练这三维德育框架外,在基于学生领袖骨干群体培育平台基础上,必须构架一个推进中学生道德发展的新路径。这个路径要充分体现学生的自主实践和自我管理,要突破正面说教灌输的传统方式,借助学生的亲身体验、感悟,从而实现心灵深处对真善美的人性回归。

## （二）构建以社会实践为主线的德育活动课程

德育脱离社会生活实践，停留于讲道理，用语言去感染，这是完全不能满足学生的心理需求的，尤其对于资优生来说更是如此。因此，我们必须让德育回归实践，在实践中培养学生的健全人格，反之又通过实践检验资优生的德育成效，形成一个良性互动，从而提升德育水平。随着“二期课改”的新课程体系逐步构建，实现德育教育的课程化，这不仅是一个理念的更新，也是发展学校课程资源的重要举措。因此，构建以社会实践为主线的德育活动课程，成为了中学新形势下发展德育工作的必然选择。

1. 课程宗旨

课程宗旨可归纳为以下三点：

（1）搭建从课内到课外、从学校到社会、从学习接受到实践体验不断延伸的德育平台

学习不能局限在书本知识，道德教育更不能仅仅是道理的诠释，在教室和考场之外还有更广阔的学习空间。我们鼓励学生面向实践、走向社会，发挥自己的才智，奉献自己的热忱，不断激发学生的创造性思维，鼓励学生提高沟通与交流、组织协调能力，为学生的全面发展和创造性学习实践活动拓展更加宽广的天地。

（2）提高合作能力，强化服务与责任意识

在社会实践活动过程中，学生既是参与者，更是组织者。学生自主策划社会实践活动一改学生被动参与的局面，充分锻炼了组织能力，培养了合作意识。实践活动课程让学生明白个人在社会生活中离不开合作，明确自己在社会生活中的责任，体味分享合作中的喜悦。学校要致力于学生领袖骨干群体的培养，强调关爱他人、服务社会。社会实践课程为资优生打开了把视角投向社会之门，为学生提供了一个更好地融入社会、服务社会的契机，让他们真正学会关注社会、关注他人，在服务社会的过程中树立崇高的人生观与价值观。

（3）在实施社会实践课程中，提高探究能力，增强创新意识

要鼓励学生在接触社会、服务社会过程中，能在相对独立自主的环境中，学会处理各种矛盾，解决各类实际问题，特别形成一定的面对突发意外事件的应

变与化解能力，并把问题工作法（即在工作中善于发现显性、隐性各类问题，通过化解问题，提升工作水平）渗透到社会实践课程的全过程，不断提升学优生的问题意识和实践能力。

2. 课程内容

中学开设的德育活动课程要体现知行合一，浸润学生个体体验和全面发展的德育教育理念，不断丰富和完善德育社会实践课程的内容与实施方法。同时，在德育活动课程中，要大胆地把探究性课程的内容有机结合起来，让实践与探究、务实与思考、服务与创新融为一体，为培养创新型人才奠基。

表 3－5　德育活动课程的基本框架

| 课程主题 | 实践性课程 | 探究性课程 |
| --- | --- | --- |
| 爱国主义 | 1. 观看爱国电影<br>2. 烈士陵园扫墓<br>3. 爱国讲座 | 1. 新中国成立 70 周年回顾与畅想<br>2. 中国百年屈辱史初探<br>3. 抗日战争时期的中华民族的浴血奋战 |
| 传统文化 | 1. 民俗文化欣赏与品味<br>2. “敬先贤”赛诗会<br>3. 名人名言书法大赛 | 1. 中国古诗词赏析与研究<br>2. 中国少数民族文化探究<br>3. 唐文化及其传播等 |
| 环境保护 | 1. 保护母亲河<br>2. 杜绝白色污染<br>3. 植树活动 | 1. 崇明岛旅游及其资源保护的探索<br>2. 废物品再利用机制的构建<br>3. 酸雨破坏与日常生活等 |
| 科技创新 | 1. 参观科技馆<br>2. 外出考察活动<br>3. 科技文化周 | 1. 创新人才与学校教育<br>2. 日常生活用品的改进<br>3. 学校教学设备的改良 |
| 社会服务 | 1. 志愿者活动（交通安全志愿者、民工子弟学校志愿者）<br>2. 为艾滋病患者献爱心<br>3. 组织残疾运动会<br>4. 红十字爱心捐助 | 1. 孤寡老人生活现状调查<br>2. 艾滋病患者生活现状调查<br>3. 残疾人生存现状调查<br>4. 民工子弟学校学生学习现状调查 |

3. 课程组织

（1）提供德育活动课程的项目计划书

在每学期课程开始前，学校都会将德育活动课程的项目计划书提供给学生，让学生根据自己的兴趣选择其中的一些项目。当学生提出其他的项目时，学校将会整合各方面意见，综合考虑是否将其纳入活动项目之中。

（2）活动的组织与策划

学校为每一个活动或者每一个研究主题配备了指导教师，在学生提交了选择的项目之后，由指导教师对该项目的组员进行指导。在课程实施之前，学校首先对教师以及其他相关的人员（如家长代表、社区代表等）进行培训，让他们对活动目标有清楚的认识，为学生提供多样的且有挑战性的活动机会，指导学生做好资料的存档。

（3）活动的保障机制

① 理念更新、思想统一、领导重视

建立科学的新课程观念，坚持聚焦课堂同时深入发掘课外活动的育人功能和机制，形成领导重视、思想引领、典型示范、人人参与的生动局面。

② 加强师资培训

我校一直重视教师培训工作，定期以集体讲座或者小组学习交流的方式，针对教师的师德、师能以及社会实践课程中的管理艺术等方面开展专项培训。同时，我校根据“全员德育”的理念，对班主任、团队干部、政治教师、任课教师、二线人员进行分类培训。

③ 形成反馈、反思、微调机制

德育活动课程是课程建设中新的课程形式，没有现成经验，需要不断摸索，不断实践，贵在反思，功在微调。

4. 课程评价

德育活动课程的评价遵循以激励为手段，以实现学生的全面发展为目的，通过学生与社会的完美对接，强调学生的自我评价，提升学生责任意识，促使学生正确认识和建构自我。我们的教师在对学生形成总结性评价之前，会综合学生的日常表现，注重学生的发展与进步。可以说，我校德育活动课程的评价非常重视学生的活动经历,强调学生作为活动组织者和活动实践者主动参与学习。学生们互相评价与自我评价相结合的评价方式发挥了评价的积极导向作用,提高了德育活动课程目标的实现度。

### (三)形成生动局面,初显教育成效

以实践与服务为主旨的德育活动课程自实施以来,不仅丰富了中学德育探索的理论成果,更重要的是,最大限度地利用了各种社会资源,促进了学校与社会的联系互动,促进中学生的道德发展,使其思想道德素养得到全面提高。当然,德育工作不可一蹴而就,随着该课程实施的不断推进,其成效将日益凸显。

第一,有利于强化骨干意识、引领意识、服务意识、合作意识。通过德育活动课程,中学生的"四大意识"得到了有力提升。平时个体性的学习方式和群体参与的德育活动课程之间的鲜明反差,为学生创造了学当公仆、互助共赢的平台。学生真正体会到了在课堂上、书本里学不到的东西,体验到走进社会大课堂、读懂"社会"这本巨书的无穷乐趣。

第二,有利于提升组织创新能力、交际协调能力、心态调节能力。"实践出真知,活动长才干。"通过大量社会实践活动,学生得到东西绝对不能用课时、用分数来估量的。这些有肉有血的活动体验,全身心投入的个人实践,荡气回肠的心灵洗礼令学生们刻骨铭心,深刻地影响其一生的发展。

第三,有利于促进师生在实践大舞台上共同成长。德育活动课程对于教师是一个新的挑战,同时又是一个新的发展机遇。事实证明,在师生共同投入的社会实践大课堂上,教师只要坚持"隐形之手",当幕后导演,那么最终将实现师生双赢共进。一位班主任老师在回顾自己与学生相伴共同成长的经历时,这样总结道:"在这些生动的社会实践活动中,多种多样的交流方式代替苦口婆心的说教,多姿多彩的活动平台创造了润物无声的契机。"一位老师在实践中也产生了她的创意:鼓动她的班级积极去承办年级、全校的各类活动,大胆地把这些优秀学生推到组织各类社会活动的第一线。

总之,中学生的德育问题必然会越来越受到重视。作为社会主义事业的接班人,其道德水平的高低意义重大。只有促进其持续发展,我们的民族复兴大

业才更有希望。

社会主义核心价值观融入中学各年段教育目标及内容

从“知、情、行”三个维度，将社会主义核心价值观的内容落实到学生不同年段的教育之中，让社会主义核心价值观成为学校红色文化教育的重要组成部分。

主题词：爱国

**预初年级：**

知——知道国内外重大新闻、时事；了解祖国的特产资源、名胜古迹、山川，懂得环境保护和遵守社会公德的意义；能讲出党旗、国旗的意义，进一步懂得国歌歌词的含义。

情——加深爱党、爱国的情感，热爱党旗、国旗；加深爱家乡、热爱自然的情感。

行——从小事做起，保护自然环境，爱护文物；遵守社会公德，做个文明小公民；认真阅读中国历史，牢记“没有共产党就没有新中国”。

**初一年级：**

知——了解国家、集体、个人利益三者之间的关系；知道中国共产党的最终目标是实现共产主义；懂得好好学习与实现共同理想的关系。

情——具有“爱祖国、爱人民、爱劳动、爱科学、爱社会主义”的思想素质；初步树立人民利益高于一切、维护人民利益、为人民服务的理想。

行——践行中华民族的传统美德和革命传统；发扬集体主义精神，为班集体、校集体乃至国家作出贡献。

**初二年级：**

知——相信科学，初步具有科教兴国的意识；初步了解我国的基本国情、社会发展的基本规律；了解共青团的性质、宗旨、任务与青少年进步成长的关系。

情——树立为中华振兴而刻苦学习的情感；对加入共青团充满向往，为成为共青团员而感到自豪；逐步树立社会主义事业心和反对崇洋媚外的思想。

行——主动加入共青团，践行一名优秀团员的标准；努力学习科学知识，为建设祖国、保卫祖国奠定基础。

**初三年级：**

知——进一步了解我国基本国情和建设有中国特色社会主义的基本常识；初步了解党的基本路线和方针政策。

情——树立主人翁意识和民族责任心、自豪感，立志报效祖国；热爱中国共产党。

行——把个人的前途与祖国的命运联系起来，为社会主义现代化而刻苦学习；积极要求上进，做一名合格的共青团员。

**高一年级：**

知——懂得我国改革开放新形势，明确青少年的历史使命；初步形成良好的公民意识，正确处理自由与纪律、民主与法制、个人与集体的关系；初步运用中国特色社会主义理论正确认识社会问题。

情——有较强的集体责任感、荣誉感；初步确立全心全意为人民服务的人生观。

行——关心祖国前途，关心时事政治，逐步树立正确的社会意识；能主动为集体服务，养成良好的集体生活习惯；能遵守社会公德，有诚信、感恩的个人品德，懂得现代健康、文明的生活和交往礼节。

**高二年级：**

知——初步懂得社会主义的优越性，和青年朋友一起共同实现中国梦；能初步用马克思主义基本立场、观点、方法分析各种社会现象；初步确立为共产主义而奋斗的方向，知道共产党是我们各项事业的领导力量。

情——有较强的民族自尊心、自信心、荣誉感，尊重兄弟民族，反对民族分裂。

行——拥护改革开放，关心国家大事，自觉维护安定团结的政治局面；积极靠近党组织，用党员的标准要求自己；继续学习优秀革命文化传统。

**高三年级：**

知——有正确的人生理想；有进一步的国家观念，国家利益高于一切。

情——热爱社会主义，拥护祖国统一；乐于为学校和集体服务，以关心他人和集体为荣；热爱大自然，有较好的资源节约和环境保护意识。

行——主动了解时事政治，关心国家大事，能用中国特色社会主义理论看待各种政治、经济、文化现象；拥护党在社会主义初级阶段的基本路线、方针、政策；能正确认识中华民族优秀思想文化传统，有汲取世界先进文明成果的意识。

主题词：敬业

**预初年级：**

知——知道劳动只有分工不同，没有贵贱之分，劳动光荣；初步了解敬业的含义，了解学校老师的工作情况；明确学生的工作和任务是学习，是权利与义务的统一。

情——热爱劳动，热爱学习；树立一定的岗位责任意识；体会老师工作的辛苦和敬业。

行——积极参与班级的各项活动，明确自己的责任，在集体合作中认真负责，持之以恒，感受班级活动中岗位的乐趣；上课认真听讲，课上遵守纪律，课后认真完成作业，端正学习态度，不仅要尊重老师的劳动成果，也要践履自身的任务；珍惜同学们辛苦的劳动成果，不乱扔垃圾，爱护学校公共设施。

**初一年级：**

知——了解父母的职业和辛苦工作的情况；了解社区文明的建设离不开社区人民的努力。

情——体会父母辛苦工作养家的艰辛；进一步懂得学习对于个人发展、社会建设与发展的重要性；乐于为父母分忧。

行——勤俭节约，爱惜父母劳动的成果，逐步学会生活自理和独立；关心家庭生活，积极参与力所能及的家务活动，减轻父母的负担，在家庭劳动中培养责任感；爱护社区环境，积极参与社区丰富多彩的活动。

**初二年级：**

知——了解公共生活的有序进行离不开人们的勇于奉献、辛勤劳动；进一步明确老一辈艰苦创业的优良传统；了解专心致志、尽职尽责、精益求精的工作态度。

情——增强对劳动人民的思想感情；崇尚老一辈的敬业精神；以辛勤劳动为荣，以好逸恶劳为耻。

行——做好自己的本分，认真学习，为将来成为社会主义现代化建设的支柱脊梁打好坚实的基础；继承并发扬艰苦奋斗的创业精神，培养不怕困难，不怕挫折的坚强意志，勇于进取，迎难而上；要顽强拼搏，勤于思考，勇于创新。

**初三年级：**

知——了解敬业是促进社会和谐的道德基础，和谐社会的建构需要每个社会成员在各自岗位上勤勉工作；了解事业有成在很大程度上取决于个人对工作的态度、敬业精神，明确只有勤勉敬业的人才能在平凡的岗位上铸就不平凡的业绩，最大限度地实现自己的理想；知道敬业是公民的职业道德，是每一位社会主义国家的公民都应当树立的基本价值追求。

情——认同我国吃苦耐劳、艰苦奋斗的传统对于全面实现小康社会的重要性；敬仰和热爱每一位做好本职工作的劳动者。

行——认真对待自己所负责的每一件事，培养敬业精神；努力学习科学文化知识，为国家实施可持续发展战略和走向世界承担责任和义务；将敬业的社会公德和职业道德内化于心，只要做一件事，就忠于一件事，一点不旁骛。

**高一年级：**

知——了解国家经济的发展是每个劳动者爱岗敬业的结果；了解劳动者的义务，明确敬业的职业道德；进一步明确社会的可持续发展离不开广大劳动者的兢兢业业，乐于奉献；认识到有激情的工作对于开发人的潜能的重要性；了解以每天的工作为乐趣对于完成挑战、克服艰难、获得成功的正面作用。

情——认同社会和谐发展离不开公民的恪尽职守；树立以工作为乐对于取得更好成绩积极作用的意识；体验到把工作当成虔诚的事业的快乐。

行——把学习当成快乐，以积极饱满的热情投入到本职工作中，享受工作的过程和成果，激发出强烈的崇敬感和自豪感；以良好的心态来对待自己的工作，认真、勤恳、按时、按质、按量地把工作做好；要以全力以赴、一丝不苟、精益求精、追求卓越的心态把工作做好，努力实现自我超越。

**高二年级：**

知——知道事业精诚于勤奋认真，而荒废于嬉闹草率；了解敬业意味着吃苦的决心、刻苦的努力、艰苦的付出的过程；进一步明确职业理想；懂得本职工作更是实现自我又有益他人的事业。

情——认同一个人成长于社会、受益于社会，而后回馈于社会、贡献于社会的劳动意义；认同个人敬业奉献是国家和社会兴旺发达的保证。

行——逐步理解将工作视为一份事业理想和人生意义，实现从职业到事业的提升即是自觉主动敬业的意义；树立不同阶段的奋斗目标，激发不同的热情，心生热爱、心怀尊重；对工作抱有认真、尊重的态度；学习自己感兴趣的职业的相关知识，并为之奋斗，实现自我，奉献社会。

**高三年级：**

知——知道敬业是实现自我价值的途径；知道通过个人敬业来实现对事业的促进；知道自身事业对社会、对时代的发展，甚至对整个人类的发展都有所帮助；认识到事业不仅能作用于人、成就个人，人更能反过来作用于事业、成就事业。

情——树立“路漫漫其修远兮，吾将上下而求索”的意识；认同君子志向远大、目标明确是人对心中事业的求索；对事业抱有崇高理想和热切情怀。

行——学会用联系的观点看待敬业，做好本职工作，培养爱岗敬业的精神，最终以业为乐；学会用发展的眼光看待个人敬业对于实现自我、促进人类发展的重要性，并在现实的学习和生活中践行敬业行为；从自身做起，不断学习，精益求精，为营造一种奋发向上的氛围、形成良好的社会风气做出贡献。

主题词：诚信

**预初年级：**

知——知道诚信是一个人与他人和谐相处的根本，也是最基本的道德素质；懂得在集体生活中真诚待人，在合作中守信用、信任他人；懂得与老师、同学相处时，要遵守诚信的道德规范。

情——认同诚信的人更容易获得认可和称赞；树立以诚信为准则的为人处世的意识；加深对诚信是中华传统道德文化精华的理解。

行——尊敬老师，老师布置的学习任务要按时完成，认真履行学习的任务，尊重老师的劳动成果，培养尊敬老师的行为习惯；珍惜同学友谊，答应同学的事情要做到，团结互助，共同进步；掌握科学的学习方法，真诚与大家分享，取长补短。

**初一年级：**

知——具有辨别诚信与否的能力；懂得珍惜父母的劳动成果，与父母长辈、兄弟姐妹相处时，要遵守诚信的准则；了解形成邻里和社区和睦关系需要互相尊重，真诚相待。

情——认同诚信是立身处世之道，是立身敬业之本；树立诚信对于家庭、邻里、社区重要性的意识；树立诚实待人的意识，在行动中养成诚实的品德。

行——生活中言必信，行必果，做到说话算数；克服任性和依赖心理，学会理解人、关心人、宽容人；对待邻里要相互关心，相互帮助。

**初二年级：**

知——了解诚信是公共生活秩序井然的重要保障；明白诚实做人的基本要求，知道诚信要讲策略；知道社会交往对个人发展的重要作用，明确诚实守信是人际关系得以维系和深化的保证。

情——树立讲诚信的意识；切身感受讲诚信带来的成功和成就感，以讲诚信为荣，说谎欺骗为耻；确立自觉维护公共秩序的意识。

行——在公共生活中，要求不骗人，对己不自欺，反对虚伪和欺骗；在社会交往中，学会尊重、理解和同情，建立真诚守信的交往环境；自觉遵守网络交往中的道德规范和法律规范。

**初三年级：**

知——了解诚信是国家繁荣昌盛的根基，是国家政治、经济、社会和谐发展的保证；明确诚信是建设和发展特色社会主义的道德保证；了解诚信是建设和实现现代化以及小康社会的道德保障；知道诚信是构建和谐社会的道德基石。

情——热爱诚信政府，崇尚信用市场经济；立志成为一个讲诚信的国家栋梁之材；树立诚信治国理政的意识。

行——在日常学习中，从自身做起，诚实守信，遵纪守法；营造诚实守信光荣、虚假失信可耻的社会氛围；在社会经济生活中，实事求是。

**高一年级：**

知——明确诚信是现代市场经济健康有序发展的基石，是经济持续健康发展的基本保障；明确诚信是劳动就业的道德保证；懂得我国对外开放、实施互利共赢开放战略离不开双方的诚实守信。

情——树立经济的发展离不开诚信的意识；懂得健康、有序的消费、就业和持续发展要靠诚信；认可诚信对国内经济和国际经济和谐有序发展的重要性。

行——遵守承诺，践行约定，不欺骗他人，不弄虚作假，利人利己；在全社会形成依法诚信纳税的良好风尚；在个人消费生活中，以诚信为基础维护自身的权利。

**高二年级：**

知——了解发展社会主义政治文明要以诚信为基础；明确建立平等、团结、互助、和谐的民族的关系离不开双方的诚信；了解世界和平稳定发展的前提是大国之间的诚实守信。

情——进一步明确建立诚信政府对于人民的意义；进一步加深对于诚信治国理政的理解；树立诚信对于党的建设和发展重要性的意识。

行——学会用诚信的视角去分析和判断社会主义政治文明的发展情况，进而提出自己的一些想法；在生活中，要团结友爱各族同胞，相互帮助，相互尊重，从自己做起，为和谐的民族关系出一份力；运用学到的诚信政府、诚信政党的知识积极监督党和政府的执政活动，采用多渠道履行公民的政治权利和义务，为社会主义廉政建设添砖加瓦；遵守国家法律、法规、政令、规章制度等规定的权利与义务；认识到诚信是建立友好大国关系的基础，并践行之。

**高三年级：**

知——从联系的观点出发，了解诚信是与社会各个方面普遍联系的，知道诚信是人类的普遍道德要求；从发展的观点出发，明确诚信是政治、经济、文化、社会、生态可持续发展的重要保证；从矛盾的观点出发，知道诚信与不诚信是造成国家各个方面成败的重要因素，了解诚信的缺失将导致道德沦丧、世情冷漠，甚至腐败横行、犯罪高发。

情——树立诚信是政治、经济、文化、社会、生态可持续发展的重要保证的意识；树立整体意识，懂得让他人也遵守诚实守信的道德规范。

行——学会用联系的眼光看待和分析诚信对于国家建设和发展的重要性，树立全局观念；学会用发展的眼光看待诚信对于科学发展观的促进作用，在生活中重视诚实守信的量的积累，最终促成质变；在信用经济时代，懂得利用“诚信”为自己的生活服务，通过诚信的收益累计增强自己的生存能力，从而增强诚实守信的行为动力；通过多种方式大力宣传诚信道德模范真实感人的事迹，营造诚实守信光荣、虚假失信可耻的社会氛围，充分发挥诚信道德模范的道德标杆和社会辐射效应，逐步形成全社会的诚信文化；监督当今社会存在的严重的诚信缺失现象，曝光个人、企业和政府的失信行为，绝不轻饶。

主题词：友善

**预初年级：**

知——懂得友善是待人心平气和，谦虚有礼；了解与人为善是公民应当具备的基本道德修养；懂得“与人为善，善莫大焉”的道理；知道“己所不欲，勿施于人”的道理。

情——懂得从对方的角度去思考问题；树立善待动物和自然界的意识；认同尊敬老师是人类的美德。

行——同学之间遇到困难要相互帮助，遇到矛盾要相互体谅，设身处地，换位思考，建立和睦友好的同学关系；尊敬老师，尊重老师的劳动成果，认真完成老师布置的学习任务；爱护学校的一草一木，对待公共设施心怀善意。

**初一年级：**

知——懂得亲人、邻里之间要亲近和睦，更要相互尊敬，相互爱护；懂得家人之间要相互尊敬，互相爱护；树立积极、乐观、向上的生活态度。

情——树立与家人、邻里为善的意识；认同“与人为友、心存善念”的道理。

行——尊敬长辈，礼貌问好，做自己力所能及的家务活，减轻他们的负担；友善对待兄弟姐妹，宽容相待，不斤斤计较，不随意争吵；和谐邻里，积极主动帮助邻居做一些事情，建立和睦友好的邻里氛围；遵守社区保护环境的规定，积极参加社区活动，为社区老年人、残疾人提供服务。

**初二年级：**

知——了解公共生活中的规则和秩序，做文明友善的公民；知道公共生活中不友善的违法行为；知道与人为善不仅可以拉近人与人之间的距离，而且还能给自己带来快乐。

情——树立遵守公共秩序的意识；懂得在公共场所尊重他人的权利；认同“与人为善，予己为善，予己为乐”的智慧。

行——自觉遵守公共秩序，公共场所保持安静和卫生；善待公共设施和公共环境，不破坏、不污染；在能力范围内，对于破坏公共秩序的行为采用适当的方式加以制止；情绪激动时要保持冷静，多给自己留点思考的时间，多点宽容，少点苛责。

**初三年级：**

知——了解建设社会主义国家，实现现代化，全面建成小康社会依赖于人们相互与人为善；知道友善需要原则和方法；了解祖国和平、各族人民的大团结的友善之道。

情——懂得友善对于国家繁荣富强、和平稳定的道德杠杆作用；树立恰当的友善意识。

行——做一个友善的人要讲究原则、方法，发自内心地为别人考虑，与人为善，慢慢消融人们心中的隔膜，使得生活更加平和、幸福；在现实生活中，友善地对待每一个人，从自身做起，为构建和谐社会贡献自己的一份力量。

**高一年级：**

知——知道以诚待人、推己及人是现代经济健康发展的保证；明确友善是有序消费的基石；懂得我国实施互利共赢开放战略离不开彼此为善；明确友善是历史的传承，懂得做个友善的人要懂得给予；了解友善之于劳动就业的重要意义。

情——树立“不独亲其亲，不独子其子”的意识；认同“与人方便，予己方便”的道理；树立“与人为善，给人机会”的思想。

行——在日常的经济生活中，以诚相待，推己及人，从对方的角度出发，避免冲突；以“忠恕”为标准，当我们面对不如自己的人，站在他人的立场上去体谅、理解、宽恕和包容，依然不吝啬地给予友好；以理智之心、以善良之愿促发他人向善转化，促使自己善心不堕。

**高二年级：**

知——了解友善必须遵循社会主义道德建设的方针和原则，以马克思主义为指导，以为人民服务为核心，以集体主义为原则；明确建立平等、团结、互助、和谐的民族关系离不开各民族友善相待；了解世界和平稳定发展的前提是大国之间的友善与合作；了解友善不仅是对他人、对外部世界的一种态度，同时也是对自己、对内部心灵的一种精神；知道“与己为友，首存善心”的道理。

情——树立为人民服务的意识；明确友善对于新型民族关系的建立和发展的重要性；树立友善对于世界文明进步重要性的意识；认同“君子慎其独也”。

行——在生活中，要团结友爱各民族同胞，相互帮助，相互尊重，从自己做起，为和谐的民族关系出一份力；严格要求自己，达到自律、自觉、友善，在人与人之间、人与社会之间自觉地去践行友善；培养一颗常存善念的心，能与自己做朋友，能正视自己的得失，而后才能在社会中无论遭遇观念如何冲击，无论面对事态如何变幻，都不忘初心，不失本性，友善待人处世。

**高三年级：**

知——从联系的观点出发，了解友善是与社会各个方面普遍联系的；从矛盾的观点出发，知道友善与不友善是造成很多冲突与否的重要因素；明确友善是兴国之魂的一把钥匙；明确华夏子孙都肩负实现中华民族伟大复兴的使命。

情——感受华夏文明中的友善气息；树立崇高的人生追求；懂得友善对于实现中华民族伟大复兴的重要意义。

行——要有崇高的使命感和责任心，培养崇高的人生追求和价值信仰；为了实现整个民族的伟大复兴，努力学习科学文化知识，努力奋斗，努力贡献自己的力量；拥有善，就拥有一颗平和的心；善待他人，人际关系就会和谐；善待万物，自然、社会就会实现和谐。

## 主题词:富强

**预初年级:**

知——初步了解国家富强的含义;知道国家富强与个人劳动密切相关的道理。

情——树立正确的劳动观念,培养自主劳动的意识。

行——学会珍惜家人、朋友、老师、同学的劳动成果;珍惜、爱护身边的每一个物品,深知其来之不易。

**初一年级:**

知——知道国富而民强的道理;知道历史上中国共产党领导人民进行革命斗争,建立了新中国。

情——体会一个国家的富强离不开群众的支持;希冀一个民富而国强的中国是经济富庶、文化昌盛、政治强大、军事强健的国家。

行——主动加入共产主义青年团;了解父母的工作对社会的贡献;养成爱惜劳动果实,不浪费、不攀比、不偏食、节约的好习惯;逐渐培养主人翁意识,以认真学习来回报祖国。

**初二年级:**

知——知道"富强"与"贫弱"相对应,富强作为首要的目标被提出来;知道中国共产党如何在贫困中带领人民走向富强之路;懂得"没有共产党就没有新中国"的真正内涵。

情——对为祖国拼搏的老一辈革命家、祖国建设者充满敬意;热爱中国共产党;尊重每一位劳动者的付出。

行——学习老一辈无产阶级革命家和优秀共产党员的光辉事迹;积极践行并宣扬艰苦奋斗等革命传统精神;在追求生活富裕的道路上,同时兼以文化修身。

**初三年级:**

知——知道我国全面建成小康社会的美好蓝图;知道中国特色社会主义道路;在经济条件转好的情况下,仍需坚持艰苦奋斗。

情——理解并认同中国特色社会主义道路;对国家未来发展充满希望与信

心；拥有国家富强的荣誉感与自豪感。

行——有意识、有计划地为实现个人梦想和国家富强而努力学习；发扬不怕艰难困苦，英勇顽强去战胜困难的奋斗精神；发扬奋发向上、锐意进取、开拓创新的创业精神；发扬为国家和人民利益建功立业的奉献精神。

**高一年级：**

知——知道社会生产是财富增长之源；熟悉经济发展的两种方式；知道国内生产总值（GDP）的作用及缺陷；知道我国产业结构及现代产业发展。

情——能够领会各类生产要素的使用效率都与人的素质有密切关系，感悟提高自身素质的重要性；关注国家的经济生活，对国家和本地区的经济现象提出自己的见解，明确发展趋势，增强社会责任感；认识走新型工业化道路的紧迫性以及与我们生活的密切关系，增强使命感。

行——主动学习，为实现职业理想和人生规划而努力；体验生产与消费的积极意义，培养良好的消费心理和艰苦朴素的生活习惯；通过自身消费体验与理性思考，体会树立合理消费、合理理财的意识和提高这方面能力的必要性。

**高二年级：**

知——从矛盾的角度理解“富强”与“贫弱”的对应关系；从联系的角度理解“民强”与“国富”的相互关系；从共同富裕的角度上体会“公平”与“效率”的关系。

情——认同富强是社会主义现代化国家经济建设的应然状态；对国家繁荣昌盛、人民幸福安康感到欣喜与感恩；对“一带一路”等促进经济发展的举措表达认同。

行——将自我需求与国家需求有机结合，为国家的富强贡献一份力量；发挥主人翁意识，在国家建设上建言献策；严格要求自我的言行举止，树立“循环经济”的理念。

**高三年级：**

知——知道我国是人民民主专政的社会主义国家，共同富裕是国家的目标与追求；知道中国共产党带领中国人民当家作主，对中国共产党的内涵有深刻理解;懂得祖国的发展富强是每个公民的义务和责任。

情——知道我国现阶段的基本经济制度;对我国的社会保障制度充满信心;体会中国共产党为人民服务的坚强信念;由衷地感恩国家今日的成就与富强。

行——把握高中的最后阶段,认真学习,以国家富强为己任;以自己的实际行动弘扬民族精神;利用多种途径,关注国家经济走向,对国家经济发展提出意见,并关注民众的生活;在未来职业规划中,将国之所需变为己之所需,为国家富强贡献出一份力。

主题词:民主

**预初年级:**

知——知道自己是班集体中不可或缺的一员;知道自己在班集体中的权利与义务;知道自己是中国公民。

情——热爱、关心班集体,有班级荣誉感;学习、生活中,热爱集体,关心集体,拥有集体和大局意识;为作为一名中国公民而感到自豪和骄傲。

行——在班集体、校集体中,积极参与各项活动,建言献策,遵循少数服从多数的民主原则;努力完成集体交给自己的工作与任务,为集体工作出力。

**初一年级:**

知——了解校纪校规,知道其建立的目的;知道班级民主风气的形成与建立;知道少数民族同学的民族风俗习惯;了解共青团的历史、性质和作用。

情——有为班集体、校集体服务的意识;尊重老师、同学、家长以及各行各业的劳动者。

行——加入少先队、共青团、班干部行列,主动为集体服务;遵守公共场所的各项规则,保障公共场所的秩序井然;尊重少数民族同学们的风俗习惯。

**初二年级:**

知——知道"民主"的内涵及意义;知道我国人民当家作主的政治保障;了解为人民服务的榜样事例;初步知道中国公民所拥有的权利与义务。

情——认可我国的政治制度;尊重每个人的权利和义务;对我国的民主发展充满自豪感和自信心。

行——积极参与学校的各种民主活动，充分运用自己的民主权利；积极宣扬我国的民主制度；尽己所能，为身边的人服务，营造民主氛围。

**初三年级：**

知——知道民主在中西方的明显差异；知道民主是人类的共同理想；关注历史与时政，了解党和国家在民主方面的探索；对我国的政治制度有较全面的认识。

情——认可国家主权在民，当为民众服务，由人民确定管理方式，建设民主政治；支持我国的政治制度；认同不同民族创造了不同的民主形式，对我国民主发展满意。

行——养成以民主的形式解决集体活动中存在的问题；热情参与校内外各种民主活动，培养内在的民主意识；尊重各国多样的民主形式；能与同学、朋友、家长、老师融洽相处。

**高一年级：**

知——知道民主是每个公民应有的生活方式；科学认识民主的深层内涵，了解中西方不同的民主模式；知道建设中国特色社会主义民主政治的发展历程；知道我国政府是人民的政府。

情——满意我国民主政治的发展；对未来中国特色社会主义民主政治的发展充满信心；对身为中国公民，充满自豪感和骄傲感。

行——关注时政，关注“两会”，了解我国民主政治的发展现状；积极参加各项集体活动，敢于发言，学习做集体的小主人；利用媒体、网络、通信等方式，为国家的民主发展建言献策。

**高二年级：**

知——知道我国的国家性质以及人民民主专政的本质与最大特点；知道我国的人民代表大会制度；熟悉我国公民的政治权利与义务；知道公民参与政治生活必须遵循的基本原则。

情——认同我国的人民代表大会制度；满足我国公民所享有的政治权利与义务；对我国的民主发展充满信心与支持。

行——行使政治权利，履行政治义务；参与社会公共管理活动；参加社会主义政治文明建设;关注我国在国际社会中的地位和作用。

**高三年级:**

知——知道我国公民政治参与的具体形式;了解我国政府的职责与职能;知道我国政府受人民监督;熟悉我国的人民代表大会制度;了解我国的政党制度;知道我国的民族区域自治制度及宗教政策。

情——认同我国公民政治参与的形式;认同我国政府的职能与责任;赞同权力的行使需要监督;自豪于我国的根本政治制度与政党制度;追求民族平等,民族团结,各民族共同繁荣。

行——做一名合格的中国公民,充分行使自己的民主权利;在日常生活、学习、工作中,培养民主意识;利用校园、社区、各种网络平台建言献策;尊重少数民族及各国人士的风俗习惯;好好学习,考上理想大学,以实际行动为中国民主出力。

主题词:文明

**预初年级:**

知——初步知道文明的含义;知道中国文化源远流长,礼仪之邦的悠久历史;初步知道中国诗词歌赋中展现的中国文化;初步了解汉语及汉字背后的文化底蕴。

情——自豪于中国现有的文明成果;喜爱中国的诗词歌赋及发展至今的语言文字;认同中国的文化底蕴。

行——认真学习语文,培养良好的听说读写能力;认真学习中国经典的诗词歌赋;认真学习普通话,发挥语言的魅力。

**初一年级:**

知——知道家庭是社会的细胞;知道家庭是传承人类文化的载体;知道家庭是展示社会文明的窗口;了解中国的传统节日及风俗习惯;了解国际节日的风俗及背景。

情——认同家庭对于文化传播的良好媒介作用;喜爱、尊重、自豪于中国的传统文化节日;喜爱源远流长的中华历史文化。

行——与家人一起以实际行动展示中国文化;积极主动参与各种中国传统

节日活动；利用课堂、书本、网络、家长资源，全面认识中国的历史文化知识及传统节日的历史背景；孝敬父母，尊敬长辈，经常与父母交流沟通，以便得到他们的教育和帮助，遇事征求父母的意见，听取他们的教导和指点。

**初二年级：**

知——理解文明的深刻内涵及个人的自我转化与呈现；全面了解中国传统礼仪的基本内容及中国文明历史；熟悉学校礼仪，如师生、同学、校园礼仪等；知道公共场所礼仪，如阅览室礼仪、交通礼仪、集会礼仪等。

情——认同中国文明的内涵及中国传统礼仪；认同学校及公共场所的文明礼仪；对中国的文明礼仪感到骄傲与自豪。

行——掌握基本的礼貌、礼节规范；在学习、生活实践中，初步养成讲文明、讲卫生、讲秩序、讲公德的良好习惯；严格要求自己，积极践行中华传统礼仪，养成文明礼仪习惯。

**初三年级：**

知——初步了解文明与文化的概念及其相互关系；初步了解中国文明建设的进程；知道物质文明、精神文明、政治文明、生态文明、社会文明“五位一体”协调发展的和谐社会新目标。

情——认同中国社会的进步程度与开放状态；认同文化与文明的“源”与“流”的关系；对“五个文明”的发展表示赞同与支持，愿意传承中华文明。

行——关注时政，关注国家决策，了解我国的文明发展现状；从自我做起，展现中国的文明风采，积极传播中华传统礼仪；深入学习中国历史及经典著作，游览中国大好河山，丰富自我文化内涵。

**高一年级：**

知——初步了解国际文明冲突与世界秩序的重建；知道中国“和而不同”的外交理念；知道中华文明始终崇尚和平，对和睦、和谐、和平的追求深深植根于中华民族的精神世界之中。

情——认同和平、发展、合作、共赢已经成为时代潮流，中国选择坚定不移地走和平发展的道路；认同“亲、诚、惠、容”周边外交理念；对中国外交文明发展充满信心。

行——全面学习我国历史及地理知识，参与到非物质文化遗产保护中；学习外交知识，关注国际文明的进程与融合；以主人翁姿态，主动投入到校园文化、社区文化和城市文化建设中。

**高二年级：**

知——知道世界几大文明之间的冲突与竞争；知道中国人对待人类文明的态度；熟悉建设“文明中国”对公民素质的新要求。

情——对文明绵延五千多年没有中断的中国历史有整体认识；认同文明因交流而多彩，因互鉴而丰富；在全球化时代，我们既是“中国公民”，也是地球村的“村民”。

行——维护世界文明多样性，尊重各国各民族文明；正确进行文明学习借鉴，科学对待传统文化；适应现代文明的发展，培养相应的现代素质，做一个现代文明人。

**高三年级：**

知——对于经济素质、政治素质、文化素质、法治素质、社交素质、媒介素质有全面认识；知道理性对待国际交往中的分歧和摩擦，与各国人民友好相处；知道国内和国际社会生活中，文明存在多元多变的情况。

情——认同文明的人是进取、自律、守礼之人；认同文明是一种社会品质；尊重各国文明，践行中国文明。

行——努力学习，让自我变得端庄、优雅、有教养；对中国文明建设建言献策，互相尊重，协商共识，和而不同；作为一个文明大国的公民，要树立大势、大体、大局意识。

主题词：和谐

**预初年级：**

知——知道“和谐”的内涵，懂得设身处地地替对方着想和顾及他人的感觉是与人和谐相处的首要原则；懂得“己所不欲，勿施于人”的道理；懂得与人交往时，发生冲突和摩擦是不可避免的。

情——情感上，平等待人，尊重他人；生活、学习中，有和谐相处的意识。

行——实际生活中，为人处世遵循“己所不欲，勿施于人”；初步掌握化解冲突和矛盾的方法；发生分歧时，要善于沟通，并学习以平和的态度解决分歧。

**初一年级：**

知——知道家庭和谐、校园和谐对于社会和谐的重要作用；知道生命只有一次，违法犯罪会造成社会不和谐；初步了解提高个人素质，对于维护社会和谐的必要性。

情——愿意做一个品德高尚之人，并为之努力；喜爱和谐相处的生活、学习氛围。

行——以自身行动维护家庭、校园和谐，学会与父母、同学和谐相处；尊重他人生命与健康，自觉维护和遵守社会主义法律法规；提高个人的品德修养、文化素质。

**初二年级：**

知——清楚自然环境对于人类生存的重要作用；熟悉人与自然的不和谐之音有哪些；知道物种减少、环境污染的含义、危害及恶果；懂得要节约资源，保护环境。

情——有以人为本的意识，树立科学发展观；喜欢自然界物种的多样性。

行——减少个人行为带来的环境污染，积极践行勤俭节约，保护环境；对他人造成的环境问题予以监督，并适时举报；参与到环境保护的宣传中去。

**初三年级：**

知——知道个人与社会相互依存，相互制约；懂得构建社会主义和谐社会的必要性及发展进程；全面了解城乡差距、地区差距影响社会和谐安定。

情——支持社会主义和谐社会的构建；坚持集体主义价值观；支持各族人民的团结与和谐，认同中西部全面发展。

行——生活中，处理好个人与社会的关系，促进个人与社会的和谐；坚持并践行集体主义价值观，做到心中有他人，心中有集体，心中有国家；树立正确的世界观、人生观、价值观。

**高一年级：**

知——较全面掌握社会主义核心价值观中和谐的内容及意义；体会追求和

谐是中华民族的优秀传统和中国共产党的一贯诉求；知道和谐是中国特色社会主义的本质属性和人类世界的发展方向。

情——感受个人成长与民族文化和国家命运之间的联系；增进关心社会的兴趣和情感；提升文化认同感、民族自豪感；树立构建社会主义和谐社会的责任意识。

行——关注社会发展变化，养成亲社会行为；积极参与公共生活、公益活动，自觉爱护公共设施，遵守公共秩序，有为他人、为社会服务的精神；积极为建立和谐社会作出贡献。

**高二年级：**

知——理解“天人合一”的理念；体会人类与自然之间和谐相处的规律；体验中国文化中“天人合一”的和谐画面。

情——珍爱生命，尊重自然，尊重世间万物；相信和衷共济，四海一家，大道之行，天下为公。

行——熟读古诗文，学习古人的一份赤子之心和敬畏之心；将和谐理念深入哲学思考，指导日常行为；利用各种平台建言献策，为社会作出贡献。

**高三年级：**

知——熟悉世界历史，知道国际社会存在战争与冲突；深刻理解和谐代表中国文化面对世界的精神，从整体来看，中国文化是中和的文化、涵容的文化，而不是称霸型的文化、进攻型的文化；知道和平与发展是时代的主题。

情——正视我国及世界存在的矛盾及差异，用全面的发展的眼光看待问题；希望有和谐稳定的国内环境与和谐安宁的国际环境；认同和谐世界的理想状态；具有强烈的国家及世界安全意识。

行——努力学习文化知识，增强自我防范意识与分辨能力，不受邪教、异端分子的蛊惑与诱惑；积极宣扬我国的“天下大同”的和平主张，增强维护国家安全的意识，为我国安全、和谐发展建言献策；谴责国际战争与冲突，自觉营造良好的人际环境，与国际友人友好相处，出国时，能遵守他国规章制度；追求和气致祥、以和为贵的做人原则。

主题词：自由

**预初年级：**

知——从学校生活、家庭生活和社会生活等多角度感知自由，理解个人自由的有限性；了解个人自由和他人自由的相互关系。

情——为个体享有自由而感到快乐；尊重他人的自由权利。

行——培养自主精神，珍惜个人自由，充分享受自由；在班级当中，尊重他人身自由，尊重他人人格权，不侮辱、诽谤、诬陷他人。

**初一年级：**

知——了解中华传统文化中的自由观；知道保障人的自由是东西方共同的价值理念。

情——认可中国传统价值体系对个体自由的关注；认可中国对个人自由价值的重视。

行——积极阅读、探寻国学中的自由价值观；自觉践行优良的传统文化，有文化自信。

**初二年级：**

知——懂得自由与规则的辩证关系；知晓自由是一种权利，也是一种责任，在不侵害他人利益条件下，按照自己的意愿决定自己的行为。

情——认可规则是自由的保障。

行——有规则意识，自觉遵守《中学生日常行为规范》，遵守校纪校规；做自己的主人，培养自主意识，自己的事情自己做。

**初三年级：**

知——知道自由是人的最高的本质，是人最根本的权利；了解自由对人的生命、尊严、人的价值的重要意义。

情——认同人一旦失去自由就不可能成为真正的人。

行——珍视法律赋予的自由权利；不违法犯罪，遵纪守法，捍卫自由。

**高一年级：**

知——知道社会主义市场经济是自由的市场经济；正确理解政府“有形的手”和“市场无形的手”的辩证关系；知道自由的实现要依托经济的发展。

情——认可政府简政放权是对经济自由的保障。

行——支持责任政府、服务政府的建设;为政府的精简改革献计献策。

**高二年级:**

知——理解马克思所说“人的自由是基于人的能力和权利,而不是资本的自由”;区别资本主义的自由和社会主义的自由。

情——认可社会主义因素对提升资本主义自由度的重要作用。

行——坚持把自由作为我们追求的正确价值目标;不盲目崇拜、宣扬西方的自由。

**高三年级:**

知——理解个人自由和社会自由的关系;理解自由是社会主义的内在本质要求。

情——认可个体自由的实现需要依托社会条件。

行——支持经济体制改革和政治体制改革;提升自己独立思考和分析判断的能力。

主题词:平等

**预初年级:**

知——了解人人享有平等的法定权利;懂得人与人的人格平等。

情——理解平等是人与人相处第一原则。

行——做个与人平等相处的小伙伴,平等待人,与人为善;尊重他人的人格、宗教信仰、民族风俗习惯;谦恭礼让,尊老爱幼,帮助残疾人。

**初一年级:**

知——了解中华优秀传统文化中的平等观;知道我们拥有广泛的民主权利,法律面前人人平等,法律保障我们的民主权利。

情——认同优秀传统文化的平等思想;认可法律保障我们民主权利。

行——与侵犯我们民主权利的行为作斗争;坚决捍卫我们合法的民主权利。

**初二年级:**

知——懂得区别东西方价值体系中的平等观的异同;理解平等观的阶级性

和历史性。

情——为新中国成立后民主事业的持续发展感到骄傲。

行——与外国友人交往时，不崇洋媚外，不自卑自轻；以主人翁的姿态为国家民主事业的推进献计献策。

**初三年级：**

知——正确理解民主，区分平等和平均，避免平均主义；懂得民主的践行的最大障碍是“特权思想”。

情——认同只有消除特权思想，才能真正推进民主。

行——在班委或学生会职务中，避免特权意识和特权行为；对社会中的特权现象予以谴责和批判。

**高一年级：**

知——理解社会主义民主建立在社会主义公有制基础上；知道我们的基本经济制度是公有制为主体，多种所有制经济共同发展；懂得民主与法制的辩证关系，知道法制是民主的保障。

情——认同我国的基本经济制度，认同法制是民主的保障。

行——在实践中，养成民主意识；遵纪守法，参与经济建设。

**高二年级：**

知——知道民主是一种国家制度，了解我国国体是人民民主专政；理解人民民主专政是对人民的民主和对敌人的专政。

情——认同民主是对人民的民主和对敌人的专政。

行——坚决抵制破坏民主的势力，积极参与民主选举。

**高三年级：**

知——理解平等是人类社会发展的基本趋势，是现代社会基本要求；知道社会主义的本质是解放和发展生产力，消灭剥削，消除两极分化，最终达到共同富裕。

情——认同社会主义在实现真正民主上的优越性。

行——自觉支持社会主义事业；为实现共同富裕、消除剥削贡献力量。

## 主题词:公正

**预初年级:**

知——了解班级管理、学校建设中公正的表现;从中华民族优秀传统文化中了解公正之根。

情——认同班级、学校的公正氛围;以中华优秀传统文化对公正追求为骄傲。

行——以主人翁姿态主动参与班级、学校公正氛围建设;积极阅读和学习国学经典,切实了解历史上的公正文化。

**初一年级:**

知——知道公平正义对个体是一种道德品质要求;了解公平正义在西方思想文化中具有深厚的渊源。

情——认同公平正义在西方思想文化中的阶级局限性。

行——要有正义感,尊重人的基本权利,公正地对待他人和自己;树立规则意识和公共责任意识。

**初二年级:**

知——比较中西方的公正价值观;理解公正具有历史性,从动态的角度看待公正的推进。

情——认同公正的历史性,认同当下中国公正氛围建设正在不断推进。

行——关注社会中的不公平现象,并尝试用全面、理性的态度认知。

**初三年级:**

知——知道公正是中国共产党一贯坚持的政治主张和价值追求;初步了解中国共产党“立党为公、执政为民”的理念。

情——认同党“立党为公、执政为民”的理念。

行——坚决抵制生活中的各种形式的机会主义,维护社会公正。

**高一年级:**

知——了解马克思主义劳动价值论;理解我国的分配制度是当前经济领域公平建设的直接体现。

情——认同在现阶段，以公平正义为准则，实现全体社会成员公正共享式的发展，是建设中国特色社会主义的主要任务。

行——支持收入分配制度的改革；为缩小城乡差距，积极建言献策。

**高二年级：**

知——理解政治领域的公正的表现；了解保障我国公民公正的政治参与的制度建设。

情——认同我国民主法治之路有利于维护和实现社会公正。

行——积极行使公民的政治监督权、选举权、表决权；司法机关监督，促进公正司法。

**高三年级：**

知——初步了解公正是人类社会普遍向往的价值理想，是社会主义制度的内在要求。

情——认同公正对构建和谐社会主义的重要性。

行——奋力拼搏，努力同祖国和时代一起成长与进步。

主题词：法治

**预初年级：**

知——知道中国是一个法治国家，要遵守国家法律；知道学校的良好发展离不开学校的校纪校规；了解《中学生守则》和《中学生日常行为规范》的相关内容。

情——尊重并认同国家的法律法规；尊重并认同学校的校纪校规；在班级、家庭中，有较强的规则意识。

行——遵守并严格执行校纪校规；遵守《中学生守则》和《中学生日常行为规范》的相关要求。

**初一年级：**

知——家庭离不开社会，家庭的构建需要《中华人民共和国婚姻法》；知道有关保护儿童的法律，如《中华人民共和国未成年人保护法》《妇女儿童权益保障法》；对《中华人民共和国预防未成年人犯罪法》有初步了解。

情——有较强的青少年安全意识,有遵纪守法的信心;重视自我保护,有一定的自我保护意识。

行——学习《中华人民共和国未成年人保护法》《中华人民共和国预防未成年人犯罪法》《妇女儿童权益保障法》等法律法规,提高自我保护意识;自觉做到用法律法规约束自我行为。

**初二年级:**

知——初步了解违法与犯罪的区别;熟悉《中华人民共和国治安管理处罚法》《中华人民共和国环境保护法》等与社会公共秩序相关的法律;知道做合法公民,违法必将承担法律制裁。

情——认同国家对违法、犯罪行为的制裁力度,具有较强的守法意识;认同并熟知与社会公共秩序相关的法律,具有较强的守法用法意识。

行——能自觉地用法律的武器保护自己、维护公共秩序的权利;具有主人翁意识,及时劝导周围的人主动遵守法律法规。

**初三年级:**

知——了解《中华人民共和国宪法》等法律基本常识;初步了解国家法治的治国方略;对我国的法治历史及成效有所了解。

情——尊重《中华人民共和国宪法》;认同并支持我国依法治国方略,树立健全的法治意识。

行——全面养成依法办事、遵纪守法的良好习惯;能就国家法治,表达自己初步的看法与见解;能利用网络、通信等方式,为国家法治建设建言献策。

**高一年级:**

知——了解《中华人民共和国劳动法》《中华人民共和国劳动合同法》《中华人民共和国消费者权益保护法》等法律法规;知道维护校纪校规、公共秩序、国家稳定,养成依法办事的好习惯;对违法犯罪行为有明晰的辨别能力。

情——尊重、认同各项法律法规,具有较强的法治意识;有自觉维护法律尊严的意愿和信心。

行——合理维权,善于运用法律知识;在自我保护的前提下,敢于同违法犯罪分子作斗争;以营造和谐、法治的良好家园环境为己任。

**高二年级：**

知——了解“法律之治”的深刻内涵；知道法治深刻反映了社会主义本质的价值要求；知道法治深刻反映了社会主义市场经济的法权要求；知道法治深刻反映了社会主义民主政治的内在要求。

情——树立社会主义法治信仰；培育社会主义法治精神。

行——时刻关注我国法治建设的推进；自觉地恪守法律原则，弘扬法律精神，履行法律使命；在行动中，维护《中华人民共和国宪法》至高无上的权威。

**高三年级：**

知——知道社会主义法治信仰是我国社会主义道德建设的基本纲领；深化认识确立社会主义法治信仰，根本保证全面实施《中华人民共和国宪法》；关注党的领导方式和执政方式。

情——全面树立社会主义核心价值观，深刻培育社会主义法治精神；支持和爱戴中国共产党的领导；全面培育社会主义法治信仰。

行——以自我行动支持中国特色社会主义政治发展道路；以公民身份监督贯彻落实依法治国的基本方略，建设社会主义法治国家；以法律为准绳，切实保障公民享有权利和履行义务。

## 四、红色实践激发中学生成长自觉

在改革开放新时代背景下，身处上海的中学生思维活跃，个性独立，追求进步，视野开阔，但也容易受到多元文化和思想的影响，对人生观和价值观形成造成一定的负面影响。因此，如何利用上海丰富的红色文化历史资源，有效培养中学生正确的历史观、价值观和人生观，进一步增强中学生的中国特色社会主义道路自信、理论自信、制度自信、文化自信，立志肩负起民族复兴的时代重任，无疑是亟待解决的重要问题。

上海红色文化历史资源形式多样，内涵丰富，既有旧民主主义革命和新民主主义革命时期的革命文化遗迹，也有新中国成立以来见证党和国家发展历程的当代红色文化资源。众所周知，上海是中国共产党的诞生地，也是中国人民进行抗日战争的前沿阵地，更是一座历史文化资源底蕴丰厚的城市。据统计，上海共有不同历史时期革命历史遗址及遗迹1000余处，其中，新出版的《上海红色文化地图》所标注的红色文化资源就有333处。这些都是中学历史课堂开展理想信念教育的重要载体，也是培养学生社会主义核心价值观的重要资源。中学历史课堂引入红色文化历史资源，不仅能生动再现历史发生时的细节，帮助中学生切身体会革命先辈的伟大事迹，增强其理想信念，而且还可以进一步提升中学生对国家和民族的认同感。

第一，走访英雄模范。英雄是指有坚定的信念和意志，积极地给他人传播正能量，为国家、民族和人民的利益不畏艰险、无私奉献、英勇奋斗、勇于献身的人。英雄之所以为人推崇，活跃于历史长河，是因为英雄本质上是一种精神的象征。英雄精神所蕴含的爱国情怀、坚定信念、崇德向善、自强不息、改革创新等珍贵品质，表现了人性的真、善、美，是任何时代都不可或缺的精神养料。回顾中国共产党百年的奋斗历程，无数英雄烈士以鲜血和生命铸就了波澜壮阔的宏图伟业，无数先锋模范以智慧和汗水创造了新时代幸福美好的生活。新中国成立以来，中国共产党团结带领各族人民接续奋斗，实现了前无古人的伟大跨越，书写了举世瞩目的壮丽史诗。中学时期是青少年价值观、人生观、世界观形成的重要时期，在中学阶段对中学生进行英雄精神教育，走访英雄模范，有利于传承和弘扬民族精神与时代精神；有利于培育和践行社会主义核心价值观；更重要的是，有利于培养和塑造中学生的独立人格，促使中学生成为德智体美劳全面发展的、能够担当民族复兴大任的时代新人。

第二，行走红色基地。中学历史教育承担着从历史角度对中学生进行理想信念系统教育的任务，是中学生了解中国共产党史和中华人民共和国史的重要渠道，但随着越来越多的异质文化进入中学生日常生活，如何在纷繁复杂的环境中坚守理想信念教育，并使之成为受中学生欢迎的内容，是当前中学历史教育面临的一个严峻挑战。“利用上海红色文化历史资源加强高中生理想信念教育的实践研究”就是探讨如何将上海红色文化历史资源有效地引入中学历史课堂，从而转变中学生理想信念教育的传统方式，创新中学历史德育模式。红色教育基地依托丰富的红色资源，以实物、实景、实例、实事为载体，通过充分挖掘和开发红色资源，搭建红色教育大课堂，使中学生在与历史事件、革命人物、革命精神的对话中,不断进行触及思想、深入灵魂的反思与感悟,实现心灵的震撼和精神的蜕变,不断增强红色教育的针对性和实效性。

第三,加强红色仪式教育。学校仪式教育是学校为实现教育目的而经过精心设计固定下来的一种教育礼仪活动。仪式活动是多种艺术形式的融合与创造性的运用,透过视觉、听觉等多种感官刺激,使学生产生多种意识水准下的综合效应。仪式的本质是通过情境聚集情绪。夸美纽斯(Comenius)认为,“一切知识都是从感官开始的”。情感活动和认知活动是相互作用的,学生情绪高涨、欢欣鼓舞之时往往是最好的知识内化和深化之时。而仪式正是情绪的、直观的、有意识与无意识相结合的教育形式,因此对学生的教育影响有着特殊的意义。从心理学角度看,学校的教育仪式具有两种基本的功能:一是营造特殊的教育氛围,激发积极向上的精神状态;二是表达内隐的教育内容和观念,借助美的教育形式,使内隐的教育外显化,并产生持久的影响力。在中学教育中,通过升国旗等仪式教育,使学生切身融入爱国主义教育中,有利于增强红色教育的针对性和实效性。例如,2017 年 4 月 26 日,西南位育中学 2011 届高三学生在二楼阶梯教室迎来了人生中最富意义的一场成人典礼。仪式在庄重的国歌声中开始,紧接着便是张建中校长的致辞。致辞中,张校长告诉学生们,在成人后有着学生、子女、公民的多重身份,要明确这些身份,才能在履行义务时有更好的实践;又提到了我校办学过程中坚持的“中和育人”理念,生动地运用了“0.618 的黄金比例”一说,希望我们都能做刚柔两相宜的新淑女和男子汉。张建中校长致辞结束后,接着是盛昳欣父亲的家长寄语,恳切地教导我们怀抱感恩之心必不可少,以一句“孩子们要好好的”打动了我们所有人。之后是学生代表陶君文的发言,在她的发言中,对感恩、社会责任、为自己负责的思考,与先前校长、家长的寄语不谋而合,可见迈入成人门槛的高三学生已能以一种较为成熟的态度与眼光看待成人的意义。接着是由年级组长刘晓罗老师带领集体学生宣誓,在严肃的宣誓声中,我们每一个人都为这成人的一刻的真正到来感到既激动又紧张。最后,便由各班班长作为代表,领取成人证书。整场成人仪式在此时达到高潮,学生们一起跨入成年的门槛,怀揣梦想,明确责任,迎来崭新的人生篇章。

# 第四章　播红种：立足成长规律的育德方法的综合运用

2013年9月30日，习近平总书记在中共中央政治局第九次集体学习时强调，“要深化教育改革，推进素质教育，创新教育方法，提高人才培养质量，努力形成有利于创新人才成长的育人环境”。[①] “青年的价值取向决定了未来整个社会的价值取向，而青年又处人生价值观形成和确立的时期，抓好这一时期的价值观养成十分重要。这就像穿衣服扣扣子一样，如果第一粒扣子扣错了，剩余的扣子都会扣错。人生的扣子从一开始就要扣好。广大青年树立和培育社会主义核心价值观，要在勤学、修德、明辨、笃实上下功夫，下得苦功夫，求得真学问，加强道德修养，注重道德实践，善于明辨是非，善于决断选择，扎扎实实干事，踏踏实实做人，立志报效祖国、服务人民，于实处用力，从知行合一上下功夫。核心价值观的养成绝非一日之功，要坚持由易到难、由近及远，努力把核心价值观的要求变成日常的行为准则，进而形成自觉奉行的信念理念。”[②]新时代红色教育是社会主义核心价值观教育的重要内容，也是德育工作的重点，尤其是面对中小学，要立足学生的成长规律，在德育工作中以学生为核心，综合运用育德方法，提升工作实效。

## 一、以“两以”“两不”为要求

在课程与教学变革的实践中，常常将学生视为承受改革效果的客体，而忽视学生作为主体所能发挥的积极作用。学生参与课程与教学变革的合理性没

① 习近平：敏锐把握世界科技创新发展趋势　切实把创新驱动发展战略实施好[N].人民日报，2013-10-02.

② 习近平在北京大学考察时强调：青年要自觉践行社会主义核心价值观　与祖国和人民同行努力创造精彩人生[N].人民日报，2014-05-05.

有得到足够的重视。现代教育观强调以学生为主体的核心理念,要求教育面向人人,因材施教,注重每一位学生的成长,发展每一位学生的个性。从德育变革的角度看,以学生发展为本、以成长为圆心是德育工作的基本要求,也是学生工作的基本准则,坚持这一理念可以充分培养学生的良好素质,为学生全面发展奠定基础。“不走过场、不敷衍塞责”是对德育工作者的要求,德育工作者要从思想上予以高度认识,要从实现“两个一百年”奋斗目标的历史维度,站在事关中国共产党长期执政、事关国家长治久安、事关中国特色社会主义事业后继有人的战略高度,从统揽“四个伟大”(伟大斗争、伟大工程、伟大事业、伟大梦想)的全局视野,深刻认识学生成长成才的重要性,坚定贯彻落实“两以”“两不”要求,即倡导“以学生为根本、以成长为圆心”的价值导向,突出“不走过场、不敷衍塞责”的具体要求。

## (一)倡导“以学生为根本、以成长为圆心”的价值导向

### 1. 探索唤醒自觉的策略,形成激发成长自觉的工作机制

生命成长源自内在的自觉,促进学生的发展首先要唤醒其成长自觉。唤醒自觉须从培养良好道德习惯开始,各年级必须将习惯培养列为重点,充分利用“成长记录册”,布局各年级行为习惯养成的重点项目,形成序列化框架。教师要善于发现学生身上的闪光点,爱护与尊重学生;运用各种方法,让兴趣与激励成为学生成长的最好老师。努力提升学生的自信心,要成为西南位育教师基本职业操守。

第一,唤醒自觉,要强化学生的主体意识。教师以“放手是爱、是智慧”的理念,让学生学会自主管理。例如,在操场和球类的学生自主管理、图书自主管理基础上,以分步推进各个班级与年级的学生雨伞共享自主管理、教材教辅共享自主管理、学生干部列席校务会议等各种形式,营造自我约束和崇尚自觉的氛围。

第二,唤醒自觉,要培养学生的良好心境。生命的成长蕴含着无限的可能,既有收获的喜悦,也必然伴随着失败和挫折的痛楚。因此,教师要指导学生学会总结、反思、微调,正确对待失败挫折,培养学生意志毅力与恒心,保持持续的追梦激情。对于表彰和宣传每一位取得成功的学生,重点突出的不仅是其才干

与成就，而更应是面对失败挫折的顽强与冷静。

第三，唤醒自觉，要覆盖学生发展的全过程。学校以中学阶段生涯教育体系的建构为载体，将生命自觉意识的培育贯穿到学生成长的全过程。学校认真布局中小学生的职业指导课程，在加强师资培训同时，积极挖掘家长在职业指导上的丰富资源，充分利用参观、访问、秋游等平台，积极开展生涯教育，引导学生主动规划人生，构建人生愿景，开启追梦人生。

2. 关注每个学生的成长轨迹，让不同类型学生都能找到适宜的发展通道

在现代教育体系中，学生是受教育者，所有教育改革无非是要创造出更好、更完善的教育，为学生的发展服务。但在长期的整齐划一的教育模式下，学生成长中的个性需求没有得到足够重视，已经成为制度性教育体系广为诟病的重要问题。因此，积极鼓励学生发展个性特长，挖掘自身潜能，做一个独一无二的人，逐渐成为现代教育的重要价值追求。基于这样的认识，教师需尊重学生个性的多样性，在班级建设中，努力形成相互欣赏、相互激励的良好氛围和团结友爱互助的同窗情谊；班主任在学生干部的配合下，为学生建立“成长档案”；鼓励毕业班学生制作能呈现自己成长经历的班级成长手册；培养学生记成长日记（周记）习惯，通过自我反思与总结，能理性、客观地分析自我、认识自我，逐步清晰自己的长处、短板和成长发展方向，不断增强自信；扩大与积累校友资源，利用西南位育微信公众号和校园网，不断推出优秀校友成长感悟，传递榜样力量，引导学生优化成长轨迹。班主任和任课教师需共同关注学生的成长过程，帮助学生调适心态，挖掘潜能，突破成长瓶颈，培养兴趣特长。班主任牵头，各科教师分工合作，让每个学生成长轨迹落到实处。

### （二）突出“不走过场、不敷衍塞责”的具体要求

我国正处在重大的社会转型期，将给人们的价值观、人生观、世界观带来深刻的影响，也必然对正从稚嫩走向成熟的中小学生的理想产生影响。改革开放四十余年来，伴随着中国特色社会主义建设事业的发展，德育在改革中也走出了一条有中国特色的道路，积累了具有中国特色的德育经验，这就是始终把德育放在首位，始终坚持德育的社会主义方向，以社会主义教育、爱国主义教育、集体主义教育为重点，重视德育课程的主渠道，发挥专职德育队伍的骨干作用，

形成德育的合力。① 在这一过程中，对于德育有效性的追求始终是最为核心和关键的使命。学校是德育的基本场所，也是德育有效性的最基层的保障，需要切实承担起时代赋予的“立德树人”的义务，聚焦德育的实践性问题，力戒形式主义，不走过场，不敷衍塞责，以严实的作风确保德育工作取得预期效果。

1. 资源用活，建构系统性的德育体系

道德教育的价值实现依赖于学生道德的内化，学生道德的内化必须借助个体日常生活中的具体情境，并通过自己的积极建构、亲历式体验才能实现。一般而言，学生经验来自生活，如何利用丰富的校内外资源，帮助学生建立起生活经验与道德体验之间的内在关联，这是学校德育有效性得以保障的重要基础性问题。西南位育中学以学生团课学习为抓手，将丰富的德育资源整合到团课体系之中，让学生在丰富的道德元素浸润中得到系统性的教育和引导。学生团课学习实质是共青团组织政治上要求上进的少先队员了解团的性质、任务等基础知识的培训。学校团总支在安排培训授课老师时，要用好教师资源。通过党支部书记的带头开讲、团员教工的专题讲，让学生树立起党的形象、祖国的形象、人民的形象，并产生自豪感和责任感，爱党、爱国、爱人民，树立全心全意为人民服务的思想，从而把人民的需要作为自己的理想。通过团课学习，学生感到所追求的理想不是虚无缥缈的，而是经过努力能够实现的，从而坚定对理想的追求，以坚强的意志、高尚品德谱写自己今后的美好生活。通过专题培养，在保留各学科特色的基础上，寻求各学科德育的共性，在研讨交流、学习切磋中，实现不同学科资源的交叉互补，建立跨学科优势互补的德育体系。

2. 方法灵活，打造协同型的教师队伍

德育有强烈的实践取向，并体现出鲜明的时代特征。直面社会现实，关怀德育实践，探索有效的道德教育方法，提升道德教育的有效性，是学校应对道德教育理念转型与内涵拓展的必然要求。学校道德教育的路径创新要有效融入日常工作和教育体系之中，要抓住教师队伍建设这个关键问题，着力提升教师的育德意识和育德能力。这需要我们坚持“党建带团建”，坚定团组织正确的政

---

① 冯建军.四十年德育改革的中国道路与中国经验[J].东北师大学报(哲学社会科学版)，2018(6).

治方向,发扬“党有号召、团有行动”的优良传统;认真学习习近平总书记有关群团工作新思想、新观点,树立远大抱负,坚定理想信念;在教工团员中,开展“一学一做”专题活动,做到学而信、学而用、学而行,筑牢精神支柱;用率先垂范的言行践行自己的入团誓词,如年轻教师在技能展示、前沿软件运用教学上带动了中老年教师,在岗位实践中做合格的共青团员。通过专题活动,让所有教师在德育研训与学科育德中摆脱“单打独斗”的尴尬局面,能真实开展协同教学、同伴互导,并在合作中收获双赢;使教师育德意识实现从被动到主动的转变,教师德育的专业能力实现从分散到系统的结构提升,德育研训实现从单向传授到双向共进的转变。同时,通过组织架构整合带动更多年轻教师成长,实现全体教师育德意识与育德能力的集体共进。

3. 情感激活,发挥文化的育人价值

文化是历史发展的浓缩和见证,具有多个维度的重要价值。文化的一个重要作用便是“化人”,使人成为文明人,而这一目的也正是德育的最终目的。由此而言,德育具有内在的文化属性。学校应该充分发挥文化,特别是校园文化的德育价值,体现文化对于道德改进和滋养的“软实力”。校园文化是学校特有的文化现象,是一所学校在长期的教育实践中创造并积淀下来的为全校师生所认同的价值观念、目标追求和行为方式等,具有鲜明的价值取向。基于对文化育人价值的高度认同,学校对环境布置、文化景观的设计突出爱党、爱国、爱人民,营造体现社会主义核心价值观、理想信念教育的校园文化,以文化引领学校育人方向。教师在温馨的教室中带领学生探求文化知识;学生在和谐的校园中,与团队干部共同自主巡视值勤,清洁校园……在润物无声中,陶冶情操,隐性育人。此外,学校设立道德讲堂专用室,使德育工作继续向校本化、生活化迈进。讲堂上,老师、团员代表的精彩发言和历届优秀团员代表回母校畅谈自己的成长感言,是加强校风、学风建设,引导全校师生共同进步的精神力量。

4. 课堂盘活,实现课程育人效果从“$1+n$”到“$n+1$”的转变

不论是道德教育,还是其他类型的思想政治教育,都应该充分发挥课堂教学的主渠道作用,将思政教育的内容细化落实到各学科课程的教学目标之中,融入渗透到教育教学全过程。教师的职责不仅是教书,还要育人。学校鼓励骨

干和党、团员教师开发运用学科德育资源，重视情感态度与价值观目标的达成。教研活动集思广益，探讨充分体现学科特色的德育资源；团员青年带头在课堂实现德育要求与学科教学内容水乳交融；各科教师间进一步加强彼此的交流与合作。多学科渗透的教学思想扩充了学校德育资源。教师在传播学科知识的同时，汲取丰富的人文涵养以塑造学生的精神境界，帮助学生构建道德意识，引起道德觉醒，以此提高他们的道德判断能力、道德实践能力。教师们动之以情、晓之以理地帮助学生形成健全的人格和正确的世界观、人生观、价值观，促进学生身心全面和谐发展。传统的学生德育工作主要由班主任负责，“一师多生”，即“1+$n$”。对学生来说，自始至终只有一位班主任，无法满足学生的德育个性化发展需求；同样，对于班主任而言，也缺乏教师同伴助其解惑，很难实现育德意识与育德能力的自我突破。通过盘活课堂实践，让所有任课教师都是学生的德育导师，年级组内的非任课教师也可给予学生专业德育指导与渗透，如此将“1+$n$”的德育模式，成功转变为“$n$+1”的德育新模式，使一学生配备多位德育导师，学生可博众师之长，最终实现师生共成长。

学科德育融入课堂，培育了学生的志趣。尽管初中生受社会阅历、知识结构及思维发展水平等因素的限制，所思所言确有片面性，但学生在自主学习和独立思考中产生的问题意识、质疑精神是弥足珍贵的。伴随着自主思考或是换位叩问，学生们就会不断领略话题的深邃与精妙，逐步提高对学习思考的兴趣，从而不断成长。对教师而言，要更多、更深地思考教育教学中深层次的问题，重新界定自己的专业发展要求，重新认识学生，认识课堂。

## 二、以“近、小、实、亲、活”为方法

德育的变革，最为根本的是方法的变革。要以现代德育理念为引领，基于学校学生的现实需要，创新德育路径，提升德育效能。西南位育中学在实践中探索形成了“近、小、实、亲、活”为基本特征的德育方法，从学生实际出发，全面贯彻党的教育方针，落实立德树人要求，推进素质教育，把为国育才与个人幸福相统一，努力为国家培养合格的建设者和可靠的接班人。

所谓“近”，就是倡导德育工作要贴近学生的现实生活，走进学生的现实世

界，通过身边的优秀榜样，激发学生以身作则、敢于担当的精神境界，形成“优秀分子引领，全体学生共进”的良好氛围。

所谓“小”，就是倡导德育工作要关注学生身边的小事，关注现实教育世界中的细节性问题，让宏观的德育理念落实到具体的德育事件之中，让学生感知道德世界是可看、可知、可感、可为的。特别是通过不同年段关键性事件的设计，让学生在成长小事中感悟道德教育的大道理。

所谓“实”，就是倡导道德教育的实践属性，运用学生看得见、摸得着的实践案例培养学生的道德情感和道德情怀。在引导学生在积累道德知识和技能的同时，通过有目的的道德行为，通过做实事的行动方式体现其道德教育的成效。

所谓“亲”，就是倡导学生在道德教育中的主体价值，以培养学生主体性道德人格为目标，以人的内在需要为动力，通过有目的、有计划地组织学生参与道德实践活动，把价值引导与自主建构相结合，在活动与交往中生成主体性道德人格。

所谓“活”，就是充分考虑现代德育内涵的复杂性和学生成长需求的多元性，在道德教育的内容和方式上不断拓展，形成涵盖知识获取、技能习得、探究学习、社会实践、志愿服务、合作交流等在内的多样性的道德教育路径体系。

### （一）近——以身作则，敢于担当，成为学生身边的榜样

不论身处何地，都要能清晰地意识到自己在当时当地应负的责任，能自觉主动地用坚实的双肩去担当这些责任。不要因为自认为地位低微而放松自己的责任，不要只是做旁观的“愤青”、无能的“怨青”，而要做社会的栋梁。宋朝陆游曰“位卑未敢忘忧国”。美国前总统肯尼迪也曾说过：“不要问国家为我做了些什么，要问问我能为国家做些什么？”不要用与我无关的心态去对待公共场合的种种事务，要牢记自己也是和谐社会的建设者，要直面现实，从我做起。孟子曰：“当今之世，舍我其谁也？”中华儿女都应胸怀这样的浩然之气，不要用随意的态度对待校内的学习生活，要担当为校争光的重任，一举一动非但要无损于母校荣誉，更要努力为母校添彩。

无论在哪里，要能看得见、想得到、抓得着自己在当时当地应负的责任，自觉主动地、勤快热情地把责任担当起来。“天下兴亡，匹夫有责”，无论于国、于

社会、于单位、于家庭,都要如此。

1. 要有敢于担当的勇气

遇到较为困难的乃至较为危险的事情,只要力所能及就应挺身而出,主动担当起来。不能畏缩一旁,不敢出头;不能甩手躲避,临阵脱逃,把重担推给别人;不能遇险难就停步不前,萎靡不振,延误学业事业。凡已承担的事,再多的艰险也要挺得住,再大的苦累也要往前走,要有"三军可以夺帅,匹夫不可夺志"的勇气,"穷且益坚,不坠青云之志"的志气。

2. 要有善于担当的才能

如果只是心志高、雄心大,而才学浅、能力弱,那就没有担当的相应实力,结果还是会把事情办坏,还是不能真正的担当。因此,平时要养成勤学苦练的习惯,锻炼能力,积累实力,为争取做一个能担当的人奠定厚实的基础。事物是不断变化的,因此,要养成终身学习的习惯与能力,不断吸取新的精神养料;一个人的力量毕竟是有限的,因此要努力营建人缘基础,要亲民、为民、惠民,善于吸纳众人的意见,汇集众智;善于调动人力的资源,凝聚众力,同心同德完成承担的任务。这是一个有真才实学的人、能担当的人必须修炼的品质与必须学会的本领。

3. 要有实现担当的毅力

一个人有了担当的意识、敢于担当的勇气和善于担当的才能,有时,还是不能把事情办好,还是会辜负大家的期望。究其原因是缺少严谨踏实、精细务实的作风,言过其实,办事浮表粗糙,或是缺少顽强拼搏、排除万难的坚毅韧劲。如果遇到困难与障碍就怨上怪下,不善于从改变自己着手,不能像成功的企业家那样用"千言万语、千山万水、千方百计、千难万险、千辛万苦"的精神去力排困难,争取胜利,那往往就会使担当的任务半途而废;如果做事虎头蛇尾,开花多,结果少,人们就难以对他放心,就难以对他信得过,正如孔子所说,"士不可以不弘毅,任重而道远"。

4. 要有承担责任的度量

一个能够担当的人是一个具有推功揽过度量的人。在与同仁们合力完成担当的任务过程中,如取得成绩或荣誉,要能自觉推功,充分赞赏一起合力奋斗的同仁；如有过失或缺陷，要能主动揽过，从自身找原因，从改变自己、战胜自己、超越自己开始。如能这么做了，同仁们就更加乐意与你一起奋斗拼搏，“二人同心，其利如金”，于是就能把任务真正担当起来。反之，如果揽功推过，那么你的人格形象在人们心目中就会愈来愈小，就会离心力渐增，热忱度日减，势必使担当的任务受到损害。《论语》中讲了一个不揽功的故事，即子曰：“孟之反不伐，奔而殿，将入门，策其马曰：‘非敢后也，马不进也。’”这句话的意思是说：鲁与齐战，鲁军败，奔回城，鲁将孟之反不惧危险，在后面压阵护卫鲁军，将到城门口时，他故意猛抽坐骑说：“不是我敢于在后面护卫军队，而是我的马跑不快呀！”《论语》引《尚书》的名言曰：“朕躬有罪，无以万方，万方有罪，罪在朕躬。”这是一个贤明君主的行为准则，敢于担当职责。有为青年都应该有这种度量。一个能担当的人一定是一个严于律己，注重修身的人，要努力使自己的人品不断高尚起来，用自己的人格力量支撑所担当的重任。

5. 要有坚定不移的信念

有些人虽曾经有过要担当的热情、敢担当的勇气和能担当的才能，有时也有一定的毅力与度量，也曾经有过不错的成绩，但信念不坚定，在胜利面前经不起权势利欲的引诱，走入歧途，乃至走向堕落，最终成了一个不能担当的人。一个永远牢记爱国为民宗旨，能够拒腐蚀、永走正道、永葆本色的人，才是一个能担当的人。一个能担当的人必然是一个懂得知恩感恩的人，他们深深地感恩祖国、人民、母校、社会、父母、师长和一切帮助过自己的人，知恩图报，以勇于担当为天职。今天，我们以学校为荣；明天，学校以我们为荣。西南位育的学生是受中华优秀传统文化熏陶、受现代改革创新意识培育的时代青年，一定能成长为信得过、能担当的中华民族栋梁之材。

在七年级至九年级的教育计划中，树立榜样是重要内容，以身边同学的榜样、家长的榜样、教师的榜样为主题，教育学生辨别是非，避免空洞的说教，身体力行，以身作则。

### （二）小——瞄准大目标，抓好小事情，多形式感染学生

将远大目标具体化，用日常生活中的小事教育学生。在整体工作中，将德育工作具体化，把爱国主义落实在爱班级、爱学校、爱社区、爱国旗、爱国徽、爱

人民等具体事情上；把尊老爱幼、礼貌待人具体落实在尊敬、孝敬长辈，积极帮助家长做家务上。学生的事情学生办，让学生自己教育自己，自己管理自己。从小事做起，从我做起，积少成多，积米成箩，养成良好的道德品质和行为习惯。

在红色文化教育中，通过潜移默化，润物细无声，让学生真正切身体会“为中华民族而骄傲”的情感状态。

幼儿时期，注意培养孩子的爱国理念。例如，在家里教孩子学习画国旗、唱国歌，每逢国庆节，可以买一面小国旗，对于幼龄的孩子来说，这些细微的举动往往是最有感染力的。

小学低年级，学校和家庭可在一些日常生活中点滴渗透德育。比如，在戴了绿领巾以后，可以和学生讲苗苗儿童团、少年先锋队、中国共青团和中国共产党的关系，让学生从小为自己是中国人而自豪；带学生参加不同形式的爱国主义教育活动，让学生从小就树立共产主义的价值观念。

进入小学后，学生的领悟能力提高了，就可以从历史和文化的角度因材施教，可以从城市家乡的变迁的角度让学生对家乡产生依恋和自豪感。以上海本地为例，南浦大桥是横跨黄浦江的第一座大桥，也是当时世界第三的斜拉索大桥，由于浦西地域狭小，就使用了四层引桥的方式让大桥的浦西段盘旋而升，通过身边的例子，可以让学生关注上海黄浦江上的大桥建设，并如数家珍。还可以从历史故事入手，告诉学生中国的五千年历史中曾经诞生的数不胜数的民族英雄和先进模范，他们以一颗红色的心，做着红色的事业。有了这些积累和铺垫，我们就可以适时地告诉学生，虽然现在身处和平的环境里，但仍然需要继承他们的红色品质，传承他们的红色事业，为中华民族的伟大复兴添砖加瓦。

像“开学第一课”这样可以深化学生对中华民族红色基因传承的节目，在时间允许的情况下，老师与学生、家长与学生可以一起观看，大多数学生都会在看到节目中的革命故事时为之激动，为之动容。这时，可以适时地教育学生，在如今的和平年代，这些“长征精神”仍旧需要在学习中发扬，在校园中发扬，在做人处事中发扬，体现为勤学苦练，戒骄戒躁，发扬集体精神，有集体荣誉感等。

中高年级，可以利用节假日或集体活动，带领学生参与实地红色教育。有家长曾带孩子在凌晨三点出发去天安门广场看最庄严的升旗仪式，看到整齐划一的仪仗队，听到国歌在广场奏响整整三遍，孩子的小脸上有着父母从没见过的严肃和激动。他们在人民英雄纪念碑下学习了虎门销烟、五四运动、南昌起义等，在毛主席纪念堂瞻仰一代伟人，在长城细数千百年前的中国人民用最简陋的工具完成了世界奇观之一。

在学校和学区内，学校为学生提供一套分年龄、分阶段、注重效果、潜移默化、渗透进日常生活细节的爱国主义教育体系。低年级的小学生能有机会走进中学，观摩中学生的升旗仪式或者军训生活，让他们对高年级的爱国主义活动有向往感和崇敬感；组织中高年级的小学生和初中生参观中共一大会址，探访当代中国光荣与梦想的起点，并交流参观感想。组织学生们参观一些地标建筑，如我们学校附近的徐家汇源、观象台、徐家汇藏书楼以及《义勇军进行曲》的录制地百代公司旧址等等，把埋藏于平时孩子上下学会经过的、可能熟视无睹的场所中的红色历史故事挖掘出来。在学区内设立征文活动，找一找身边事物的进步，如上海在哪些方面是优于外国的？最近几年，哪些生活服务是突飞猛进的？和父母辈相比，哪些学习设备是提供了极大的便利并打开无尽的知识之窗的？进而让学生自发认识到国家在互联网经济的发展、教育发展、市政建设等方面落到实处的措施和成果。在少先队成立仪式上，利用学区内的红色资源，请一些典型的红色工作者的代表，如老教师等，上台和学生作交流，告诉学生们自己年轻时候的切身体验，让孩子们感受过去生活的不易，能够更加体贴老师。

### （三）实——用学生看得见、摸得着的实例，促进道德品质的内化

学生尤其是低年级的学生感知的一个重要特点就是直觉思维，喜欢直观的东西，他们往往只注意到事物的一些孤立的现象，看不出事物的内在联系及其特征，更不会进行抽象的思维和空间想象，所以，教育学生，更应该利用学生看得见、摸得着的实例教育学生，让他们有直观体验。

#### 1. 学生骨干群体培养

作为我校的一个传统的活动，“每月一校友”的系列讲座对于优秀学生确立理想信念有很大的帮助：以成功校友为目标，由此树立了自己的理想信念，找到了努力的方向。同时，以前学生骨干群体的培养针对校级的学生干部的培养，而如果把培养对象扩展到所有的优秀学生，那样就能达到较好的效果。另外，

建立以年级为单元的“榜样群”，既有英雄名人榜样，也有身边各有所长同龄人与优秀家长榜样；体育之星、环保之星、劳动之星……评优激励活动也要随月主题活动的开展而常态化依次推进。

2. 名人访谈

名人访谈主要是指邀请社会上的成功人士或者一些知名人士来校做访谈节目，谈谈自己的成长经历和人生的道路。例如，已经开展过的对于王选女士和袁正平会长的访谈，特别是对王选女士的访谈，她为当年细菌战受害者打官司，一直坚持至今，体现出她的理想与信念及坚持的品质，是一个十分典型的楷模，多开展这样的访谈对于学生来说既是一种有形又是一种无形的教育与影响。这种教育告诉同学们什么样的理想信念是社会需要的，被社会认可的。

3. “我的梦想”演讲比赛

组织演讲比赛的目的并不在于看谁的演讲功底了得，演讲是一个人组织语言和表达语言的一种形式，通过这样的形式，首先希望同学们写出自己的理想，这是重要的一部分；其次引导大家去互相评判，从而完善各自的心中的目标，起到互相启发、互相促进的作用。

［案例］

### 审问·慎思·明辨——记“我国现阶段的社会保障制度”课堂讨论

这节课是高一年级的“我国现阶段的社会保障制度”，正式上课前，我说：“最近，美国富国银行公布了一项全国性调查，华人在美国的储蓄情况遥遥领先，未退休华人自述的退休储蓄值是全美未退休人口退休储蓄值的两倍多。这一调查结果再次证明了华人对‘中国式存钱’的偏爱。那问题来了：理财手段这么多，为什么中国人偏爱存钱呢?”

话音刚落，语文课代表便站起来答道：“当然是受中国文化的影响，古人历来喜欢安稳。”“嗯，这是一个主要原因，还有没有其他补充呢?”“我想，跟我国的现状也有关系，国家没有好的保障，生病、上学什么都要花钱。攒点钱，以备不时之需。”A 同学站起来满腹牢骚，表情略带愤怒说道。“你的意思是中国人有忧患意识，而这与中国目前的社会保障体系不够完善有密切关系。”“确实如此,那我国现阶段的社会保障制度如何,国家到底有没有做出努力? 等我们了解事实之后,即可表态我们要不要如此生气。可不能一叶障目,人云亦云。”说完,我用余光看到小 A 不服气地点点头。

“当然,每个人都喜欢像芬兰这样高福利的国家。从出生到死亡,芬兰人享受着世界上最慷慨的公立教育、医疗和福利系统。这种社会保障制度是大家所向往的,适不适合中国呢?”“肯定适合,只要国家愿意多拿钱就行啦!”B 同学迫不及待地答道。我乘机追问:“国家的钱又是从何而来呢?”“那肯定是税收,是我们纳税人的钱。”“芬兰的人均国内生产总值(GDP)是中国的 9 倍,且中国贫富差距较大,如果为了追求这种高福利,效仿芬兰,税收和缴费约占个人总收入的 50%左右? 你们觉得可行吗?”此时,班级里鸦雀无声,只见同学们若有所思地摇起了头。我心里明白,他们知道,一味地效仿根本解决不了我国的问题,只会给国家和个人带来更多的债务。

见学生们进入思考模式,我乘胜追击:“那我们国家现阶段的社会保障是什么样的? 发挥了何种效果呢?”我先简单梳理了知识,社会保险是社会保障制度的核心内容,主要包括养老保险、医疗保险、失业保险、工伤保险、生育保险。“大家有对这些保险有了解的吗?”“我知道,从字面意思上来看,社会保险指的是,当我们生病、失业、退休、生孩子等时享受的保障。”B 同学轻松地说。“是的,这个社会保险可对我们的生、老、病、死、伤都管用着呢。我们以大家最关心的医疗保险为例,看看它有没有发挥大作用呢? 同学们身边有这样的例子吗?”“有的,去年暑假去农村社会实践,我们住的那户农家的叔叔生了一场大病,他每年向国家交 100 元的保险费用,这次看病报销有 50%之多,8 万多元呢。虽然医药费未能全额报销,但报销一半已经减轻了他们很大的负担,何况他们每年只用交 100 元。我想,这样的事情,全国各地应该有很多。”C 同学幸福地分享道。

接下来,我又和学生们分享了社会保障制度其他四方面的内容:社会救济、社会福利、社会优抚以及社会互助。结合着案例与活动进行讨论,学生们思考层层深入。课堂尾声,我播放了事先准备的视频。学生们静静地看着,脸上露出自信与幸福的笑容(这里当然包括满是牢骚的 A 同学)。这种自发的喜悦,来自心中对我国现阶段的社会保障制度的肯定与满足。

此时，孩子们看到深爱的祖国悄然成长，知晓我国的社会保障制度也在不断完善，心中对祖国的误解也逐渐消失。

政治学科德育的渗透是一个潜移默化的过程，学生既是教育的主体，又是教育的客体。高中生作为一个年轻群体，已然初步形成了自己的世界观、人生观和价值观。简单的知识教授已满足不了他们的需求，只能带来无尽的反感。但面对社会海量信息冲击，他们虽拥有强烈的正义感，却无法正确识别，最终以偏概全，不免落入愤青的行列。此时，政治教师需立足于学生实际需求教学，适时引导他们看清纷繁现象背后的本质，使其学会辩证地看待与分析问题，形成正确的价值判断。润物细无声中，德育与心育有机结合，达到事半功倍的效果。

我国现阶段的社会保障制度是本节课要分享和讨论的主要内容。课堂导入时，教师将一个与每个人息息相关的现实问题抛给学生，调动学生的思考欲望，当然，也挖掘到了部分学生对国家现状的一丝抱怨。此时，教师若对此熟视无睹或苦口婆心地开导学生要爱国，不要有负面情绪之类，效果可想而知。而此类负面情绪在政治课堂上非常普遍，如何让学生心服口服，解决的方法也需相当巧妙。整堂课运用横向、纵向比较法及案例法，把学生的情绪、疑问加以提升、归纳，让他们在更加开阔的视野中辩证思考，在圆满完成教学任务的同时，也悄然燃起他们爱祖国的情愫。

每个人都是有思想的个体，用道德权威去绑架和打压，只能培养出道德上的伪君子，与教育目标背道而驰，渐行渐远。学生本身就是巨大的教育资源，既然他们想法各异，“话不说不透，理不辩不明”，何不利用政治课堂，让其就某些热点话题展开讨论与争辩？言之有理，师生都会认同。此时，作为课堂组织者的教师在关键点中稍加点拨，学生就会豁然开朗，对社会现实有了新的认识，逐渐形成政治认同、爱国情怀、文化自信与公民人格等。

### （四）亲——以学生为核心，躬身实践，自主发展

积极鼓励学生实践，珍惜每一岗位，抓住每一机遇。重在过程，享受过程，淡化结果。荣誉随着时间总会褪色，而能力与经验总能相伴到永远。人生赛场永远垂青能脚踏实地把梦想化为现实的长跑者。例如，语文月课本剧排演，我们把原本少数学生参演的活动，拓展为众多学生投入的历练与体验活动，搭建

了一个大平台，引导大家主动根据自己特长爱好承担起力所能及的场记、灯光、音响、道具、服装设计、服装收集等任务，与演员一起全心投入。这样的排戏、演戏活动注入了集体观念、团队协作精神、甘当配角和幕后英雄、善于吸纳他人意见、自主参与主动历练等诸多育人元素。

通过自主自治，激发学生内生性发展需求，引导学生明白世上没有人可以依赖一辈子，只有学会自主，学会担当，才是真正长大。教师要懂得放手是爱，放手是智慧，要退居幕后，善用无形之手不断鼓励学生在自主体验中学会反思微调，直面挫折，坚守梦想。西南位育中学推出了一整套操场学生自主管理方案：中午与下午放学时间，篮球场、排球场全方位开放，借球、还球由学生自取自还（为此，还精心设计制作了可自行投球归还的篮排球小屋），开放和关闭时间用校广播提示。这无人化管理方案最大限度地释放了操场功能的同时，也培育了学生自治自律意识。显然，一项好的制度就是一个好的育人平台。

在社会实践活动的规划上，可以在老师指导下，让学生自主设计，躬身实践。活动前，主题选择与目标设定要注重针对性，要以不同阶段学生的需求为导向，要根据其身心发展的特点，结合他们的认知水平和知识储备，注重活动的针对性，提高活动的实效性。活动中，环节设计与实施要注重体验性，要以学生体验为核心，要不断丰富、创新活动形式，用学生喜闻乐见的方式开展活动。活动后，要注重活动的延伸和反思提升，要将学生在活动中所获得的积极体验和感悟及时转化为其自觉的实践，促进知行统一；要加强对活动的及时总结评价，明确不足，加以不断的改进提升，促进活动的长效性；要促进学生能力的培养，激发成长自觉。

[案例]

### 优化·整合·可能——记西南位育中学2019年高二年级学农活动

2019年11月24日，西南位育中学高二年级的同学们奔赴大东海青少年教育基地，开始为期6天的农村社会实践教育活动。历时一个多小时，随着远处模糊的飞机、低矮飘荡的云和近处萧萧的芦荻、高高耸立的旗杆映入眼帘，同学们来到了这片好奇已久的土地。11月25日上午，同学们乘车前往参观了上海老港废弃物处置有限公司。跟随讲解员，同学们了解了各种垃圾的降解时间，如其中玻璃的降解时间最长达200万年。另外，同学们对各类垃圾的处理流程也有了直观了解，知道了各个地区、国家的垃圾分类管理制度，又通过影片了解了如今上海的分类运作系统。通过参观，同学们对垃圾分类的不易与必要有了更深刻的认识，相信在今后的生活中，他们也将更加认真地进行垃圾分类。

下午，部分同学们到农场进行磨豆浆的劳作。将黄豆清洗后，他们分组操作石磨，放入黄豆与水，以三到五颗黄豆一勺水、转石磨五圈的频率不断逆时针转动石磨。随着乳白色的豆浆缓缓流入盆中，同学们在逐渐掌握转磨技巧的同时，也渐渐懂得了团队合作分工的重要意义，收获成就感与满足感。还有部分同学进行了翻地、种菜的劳作。虽然天气十分阴冷，但同学们劳动的热情被点燃，他们学着教官，从一开始的模仿动作到逐渐领悟动作的精髓，有主动拿着锄头翻地的人，还有主动端盆接水浇水的人，种菜似乎成为大家最感兴趣的活动。当完成小组任务时，同学们欢呼雀跃，无比欣喜，不仅体会到了劳动的乐趣，更明白了劳动的不易与粮食的珍贵，也体会到了合作的美好。

参观与劳作不仅让同学们深刻了解了垃圾分类的重大意义及相关程序，也让同学们体会到团结协作的重大意义。

（本案例作者：上海市徐汇区西南位育中学　于漠睿　赵熙知）

### （五）活——以学生发展为本，灵活调整教育思路和方法

学生德育工作中，在时间、空间跨度上有离学生相对较远的部分，这部分内容的德育不能教条化、格式化，教师要发挥主观能动性，适时调整教育思路和方法，充分发掘其中蕴含的丰富素材，寻找其与德育的契合点，提升德育实效。接下来，以历史课程德育教学为例。

1. 对历史课程德育的认识

（1）有效的学校德育应该是“把盐化在汤里”

一位智者曾讲，一碗没有盐的汤总是让人联想到乏味，盐之于味可谓精华，但如果把这些精华直接放到口里，哪怕很少一点，带给人的总是苦涩，美味之源的精华却与美味相去如此之远。由此联想到学校德育，很少有人怀疑德育的重要，道德教育是维系社会的基础，是学校教育的核心，但当我们把道德精华直白

地呈现给学生的时候，却经常受到学生的排斥，令学生敬而远之，一些学生像躲避直接放到口里的盐一样逃避德育。

当将德育目标附着在学科知识中时，如同食盐溶化到了一碗浓汤里，盐为汤添味、盐借汤味入口，就会于无声处对学生施加影响，实现德育目标。

（2）初高中历史课程便是“一锅有营养的好汤”

《上海市中学历史课程标准（试行稿）》指出，普通高中历史课程是用历史唯物主义观点阐释人类历史发展进程和规律，进一步培养和提高学生的历史意识、文化素质和人文素质，促进学生全面发展的一门基础课程。这一基础地位决定了历史教学不仅对学生知识的增长、智力的开发起着特殊的作用，而且对学生素质、价值观的形成具有重大的影响。历史科学是一门重要的人文社会科学，蕴含着丰富的德育资源。历史是民族的记忆，也是人类的记忆，跨越古今，包罗万象，历史教师应充分发掘其中蕴含的丰富素材，寻找历史教育与德育的契合点，对高中学生进行价值观教育、民族精神教育等，这是我们义不容辞的责任与义务。《上海市中学历史课程标准（试行稿）》规定，中学历史教学的目标之一就是“陶冶道德情操，形成健全人格，培育以爱国主义为核心的民族精神，树立人类多元文明共同发展的现代意识，增强社会责任感和历史使命感”。从总体上讲，历史课程恰是“一锅有营养的好汤”，在体现人文主义的价值取向方面，它有着数学、物理等自然科学学科以及其他社会科学学科所不能替代的独特的功能。

（3）做好汤的过程既滋养喝汤人，又锻炼做汤的人

尽管历史课程的学科性质决定了它具备了成为“一锅有营养的好汤”的基础，但在实践中，更需要善于“做汤”和“加盐”的人（历史教师）加以精心烹饪。在当前全球化和信息化的大背景下，当代中学生的行为模式和认知习惯已经发生了很大变化。如何针对这一特定群体的特征开展道德教育，是时代和社会对我们提出的新要求。传统的大厨们（历史教师）过于强调“以史为鉴”，往往导致德育工作理论与实践相脱节的情况。依托中学历史课教学实践，探讨学科教学和德育实践相结合的新路径，既能够研究出如何做好高中历史“这锅好汤”来滋养当代青少年学生，也有助于青年教师将教学实践和专业知识有机结合起

来,提高他们的学术素养和理论自觉性。通过“教”和“研”的结合,带动教师队伍建设,可谓锻炼了做汤的人。

2. 历史课程德育教学:创设人物情境,感悟爱国精神

在“两次鸦片战争”这一课中,一个重点的内容就是讲解以爱国形象著称的林则徐其人其事,让学生结合当时的时代背景,在具体的情境中感悟林则徐超越时代的眼光和智慧,以及在此基础之上的爱国精神。

首先,用 PPT 出示了罂粟和鸦片的图片,询问学生对罂粟和鸦片的基础知识。随后,出示英国东印度公司鸦片仓库图片和英国向中国输入鸦片数量激增表,让学生明白英国商人为了追求暴利,向中国走私鸦片,并且数量激增。要求学生阅读课本,了解鸦片走私泛滥给中国带来的恶劣影响:中国白银大量外流,吸食者身心遭到摧残,中华民族面临严重灾难。在这种背景下,对于鸦片问题,当时朝廷大臣有三种不同的处理意见:有人主张干脆开禁;有人建议对吸食者限期戒烟,否则处以极刑;林则徐主张既要严惩吸食者,又要杜绝鸦片的来源。接着,让学生思考:道光皇帝为何选择林则徐的对策,并最终选派林则徐负责禁烟? 在思考中,让学生体会林则徐的爱国精神。

其次,出示当时广东因为鸦片走私而导致的错综复杂的关系的史料,让学生思考林则徐接受道光皇帝旨意前往广东禁烟可能遇到的困难;出示林则徐致友人信,其中表示早已将祸福荣辱置之度外,愿赴汤蹈火,为国家除此巨患,拔本塞源,杜绝鸦片,让学生思考并理解,为了国家利益,林则徐不怕困难,毅然前行。林则徐到达广州禁烟时,遭到重重阻挠,外国商人用尽各种手段,不愿交出自己所藏的鸦片,让自己的利益受损,并企图同林则徐打持久战和拖延战。此时,出示林则徐劝告外国商人的告示,并重点提示其中文字“若鸦片一日不绝,本大臣一日不回,誓与此事相始终”,各国商人迫于林则徐的压力,陆续交出两万多箱鸦片,让学生从中感悟林则徐尽职禁烟背后的爱国热忱。

再次,林则徐为展示中华民族禁止毒品的坚定决心,1839 年 6 月将缴获的全部鸦片在虎门海滩当众销毁。出示电影《鸦片战争》中关于虎门销烟的片段,以及当时参观虎门销烟全程的美国传教士裨治文的观后感:“我不能设想,还有什么别的能执行得比这项工作更为忠实的了。”让学生从画面和外国观察者的

言论两个角度理解林则徐对禁烟态度的坚决以及体会背后的爱国精神。

1840 年 6 月，鸦片战争爆发，英国舰队在中国东南沿海游击进攻。厦门、宁波、镇海、上海、镇江等地都先后遭到英国进攻，并损失惨重，只有广州在林则徐的早早准备中不落下风。但是最后清朝无可奈何选择以合约方式结束战争，而林则徐却被当作挑起这场战争的罪魁祸首。为讨好英国人，清政府将其革职，并流放新疆伊犁。在友人送别时，林则徐赋诗："力微任重久神疲，再竭衰庸定不支。苟利国家生死以，岂因祸福避趋之。谪居正是君恩厚，养拙刚于戍卒宜。戏与山妻谈故事，试吟断送老头皮。"可见，林则徐不惧个人生死而一心一意为国谋利的爱国精神。

3. 历史课程德育教学的反思

一个人的品德修养对成才、塑造完美人格乃至建功立业都有十分重要的意义。这种品德修养的养成，一个比较重要的时间段就是青少年时期，也就是在中学求学期间。所以，学校教学工作的一个主要任务则是对中学生进行思想品德与个人修养方面的教育，其特点是"渗透"二字。其中对学生进行德育渗透的一个主要战场就是各个学科的日常教学。但是反观当下的教学，由于教学任务的压迫，教师在日常的教学中往往会过分追求知识与技能方面的培养，而对于情感、态度、价值观方面的渗透往往做得不够，甚至有所忽略。这就使得我们的学生往往有着很不错的成绩，但是个人的品德修养往往有所欠缺，反映出学科教学对德育的渗透不够。

《上海市初级中学历史学科教学基本要求(试用本)》中一个重要的教学目标就是，通过历史学习，继承中华民族的优秀文化传统，弘扬和培育民族精神，激发对祖国历史与文化的自豪感，逐步形成对国家、民族的历史使命感和社会责任感，培养爱国主义情感；确立积极进取的人生态度，塑造健全的人格，培养坚强的意志和团结合作的精神，增强经受挫折、适应生存环境的能力；树立崇尚科学精神，坚定求真、求实和创新的科学态度。

历史是正反人生经验、社会经验、人类经验的总结。我们应借鉴历史，总结和丰富人生经验，提高思想境界，凝聚为独立健全的人格。历史学科以史传情，以情动人，潜移默化，升华情感，激扬精神，催人向上，由此使受教育者产生远大的抱负，产生强烈的对师长、对父母、对朋友、对他人、对民族、对国家和人类的历史责任感。故而历史学科具有着进行德育教学渗透先天的优越性。

在“两次鸦片战争”这一课中，通过创设具体的历史情境，让学生从多个角度去了解林则徐在不同背景下的选择，以及这些选择的背后所蕴含的林则徐的爱国精神。德育的重点不是说教，而是渗透，是润物细无声；德育的另外一个特点是寻找榜样，为自己的个人品德修养提供学习的楷模和坐标。从这个的角度来说，在日常的历史教学中，以人物为线索组织教学往往会有意想不到的效果。

## 三、推动新时期立德树人育人方式转型

国无德不兴，人无德不立。党的十八大以来，习近平总书记一贯高度重视培养德智体美劳全面发展的社会主义合格建设者和接班人，将“立德树人”确立为我国教育事业的根本任务。立德树人是一个全方位、全过程的用力过程，不仅需要学校教育主体的通力合作，也需要有效整合区域优质的教育资源，拓展立德树人工作的载体和方式。上海是蜚声海内外的国际化大都市，这里中西文明交汇、古今文化交融，有着鲜明的江南文化、红色文化、海派文化特色。这些海量的文化资源星星点点散布在城市的大街小巷，相对整体地呈现在城市的各类场馆中，无时不在地传播着上海城市文化的正能量，是对青少年开展立德树人和“四个自信”教育的天然“养料”。近年来，西南位育中学积极响应上海市教育委员会、上海市青少年学生校外活动联席会议办公室主办的“进馆有益”的活动，并依托馆校合作，有力地推动了学校的新时期立德树人、育人方式转型的整体工作，进一步强化了“凝练中和位育学校文化，激发学生成长自觉”的办学特色，丰富了学校构筑追求成长状态、打造课程生态、变革学习形态的“三态合一”的课程体系。

### （一）注重顶层设计，在“融入”上做文章

道德教育不同于其他教育的一个重要特点就是其对“体验性”和“内化性”的强烈要求，学生只有主动走出课堂，在丰富的外部资源中进行丰富体验和主动探究，才能够真正拓展思维，丰富知识，积累德性。以“进馆有益”活动为抓手

的馆校合作课程在西南位育中学是作为关键课程体系来精心打造的，我们对“进馆有益”活动的目标指向、整体结构、内容序列、活动主题、实施方案、评价考核等都进行了精细的设计，把国家要求、社会需求、学校追求都融入了馆校合作课程体系的顶层设计中，特别是把教育部要求的价值体认、责任担当、问题解决、创意物化等四大综合实践活动教育的目标导向融入“进馆有益”的活动之中。

1. 对接校本“成长自觉”课程：与主题教学结合

主题教学这是一门跨学科、融文理、学研与活动有机结合的必修型拓展课。西南位育中学将初一年级和高二年级的课程开进场馆现场，让学生在实地参观和查找资料的过程中提出问题，再将问题转化为小课题，在老师的指导下，通过分主题学习、课题导引单、小组活动等方式完成研究过程和论文答辩。仅仅近两年，就有多项课题在创新大赛中获奖。

2. 深化立德树人：与学校德育主题教育结合

西南位育中学坚持多年参加“进馆有益”微课题，坚持进一步深化社会实践工作，完善培训课程，努力开拓整合各项资源，在项目化、个性化、课程化、专业化方面做出更多有益的尝试。通过志愿者服务活动，坚持立德树人，践行社会主义核心价值观，传承和弘扬中华优秀传统文化。通过社会实践，不断提升学生的创新精神与实践能力。学生通过体验、参观、实践服务，将心得贯穿到课题中，使得课题论文质量越来越好。越来越多的学生在课题中获奖，同时也在活动中传承着民族的文化。

3. 对接中高考改革：与志愿者服务活动结合

在不断地沟通交流和反思微调中，学校与各基地的合作也越发顺畅，并被多家基地评为优秀组织集体，这为之后的工作开展奠定了良好的基础。例如，学生有机会在宋庆龄故居、钱学森图书馆进行志愿者讲解。2018 年，学校与徐汇艺术馆携手打造志愿者服务新的模式，如选拔优秀学生参与大型敦煌伎乐展览布展，提供志愿者服务和讲解。正是在不断地实践中，不断地奉献中，同学们体会到了“有志服务社会，情愿奉献汗水”的真谛。

“进馆有益”微课题活动从原来的少有学生参加，到现在的100%报名，人人有课题，人人有导师，多人多次获奖，课题内容涉及广泛，为学生更好地走向社会奠定扎实的基础。

### （二）注重形成合力，在“联动”上下功夫

1. 上下级配合组织保障——纵深联动

学校组成以校级管理、德育教导、年级组长、团委书记、班主任、团支部书记、家长志愿者的管理团队，全程管理学生，为志愿者服务做好保障工作。同时，学校与志愿服务场馆签订协议，全力保障活动顺利进行。“进馆有益”课题申报与志愿者服务相结合，团委老师进行布置，班主任进行监督，团支部书记进行确认，三位一体保证课题写作和递交的及时性。我们还邀请有经验的高一级的学长给学生讲解“进馆有益”课题的注意事项和写作建议，帮助学生了解课题。

2. 教研组织网夯实基础——学科联动

“进馆有益”微课题的内容涉及十分广泛，有传承上海历史文化的故居寻访，有以上海博物馆为首的历史文化传播，有以纺织博物馆为首的科技创新，有以刘海粟美术馆为首的践行艺术与美育。学生以一人或小组为单位，根据自己的兴趣进行选题。学校以教研组为单位，通过学生和教师的双向选择，给每位学生的课题配备导师，在整个论文的写作过程中指导和帮助学生。课题面试前，导师还会根据学生的实际情况进行内容上的指导，团委老师进行面试礼仪的培训。

3. 场馆内外拓宽渠道——多维联动

学生的志愿者服务不一定是服务某个固定的场馆。通过“进馆有益”活动，学生了解到更多的场馆的信息，参观的场馆越多，学生的眼界越开阔，对自己的研究课题也就越有明晰的了解。

### （三）注重育人效益，在“获得感”上出成效

1. 课题活动与场馆——目标上开阔眼界

学校志愿者服务队牢牢抓住宣传阵地这个重点，发挥志愿者活动的辐射效应，不断加强志愿者组织的社会影响力和公信力。通过志愿者讲解宣传，增加了场馆的吸引力，使受益人群不断扩大。学校的志愿者在“乐者敦和 · 大音煌

盛——敦煌壁画乐舞专题展”开展四个多月里，导览讲解790场次，提升了展览品质。

2. 课题活动与志愿者群体——发展上共同交流

随着学生志愿者服务讲解的场次增多，学生的讲解能力得到进一步提高，并将讲解与自己的课题相结合，不断完善自己的课题研究方法，深入了解课题内容。黄思远同学的《敦煌文化创意衍生品现状及前景研究》获得了2018年“未来杯”上海市高中阶段学生社会实践项目大赛的二等奖。在讲解中发现问题，在阅读中思考问题，在撰写中研究问题，学生不仅仅是在写一篇论文，而是通过这样的社会实践，拓宽学习渠道，多渠道获取学习资源，自主、高效地开展学习，提升学习的意识和能力，养成良好的学习习惯。

3. 课题活动与社会——价值成长上有获得感

对志愿者本人来说，通过志愿者服务，获得了丰富的生活体验，学习到新的知识和技能，扩大了生活交际圈；对服务对象来说，通过志愿者服务，接受了个性化帮助，增强了对社会的归属感，提高了生活质量和幸福感；对社会来说，志愿者服务有助于建立和谐社会，促进社会进步。

文化的传承和国民素质的提高更多、更有效地来自润物细无声的教化，走进博物馆耳濡目染的一切，都可能或多或少、或深或浅、潜移默化地在每个人心里留下痕迹。西南位育中学学生的社会实践以志愿者服务内容为基础，以兴趣为导向，以课题为载体，以历史文化为基底，培养具有中国情怀、国际视野和跨文化沟通能力的有文明素养和社会责任感的时代新人。

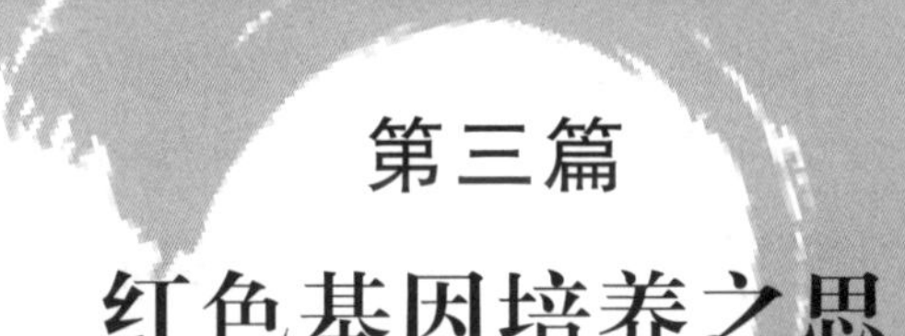

# 第三篇

# 红色基因培养之思

# 第五章　聚红力：构建多元协同的红色基因教育机制

红色资源是我们党宝贵的思想政治教育资源，它所蕴含的科学的思想观念、正确的政治观点、高尚的道德情操、严明的法纪意识、良好的心理品质和健康的审美情趣，与现代思想政治教育促进人的自由全面发展的培养目标是一致的。如何充分挖掘红色资源，特别是传统文化中的红色资源，进行系统性的红色基因教育，这是事关青少年身心健康成长和社会主义教育事业正确发展道路的重要问题。2019 年 9 月 16 日，习近平在河南考察时强调，"'吃水不忘掘井人'，红色江山来之不易，是千千万万革命前辈用鲜血换来的。我们要牢记红色政权是从哪里来的，始终铭记缅怀革命先烈。要不断接受红色传统教育，巩固升华理想信念"。当前，随着我国红色教育不断发展，如何在机制上进行创新，更好地将红色基因教育植入中小学教育中，是亟待解决的一个难题。西南位育中学从实践中探索，致力于构建红色基因教育机制，进一步促进中小学红色教育工作有效发展。

## 一、构建"党团队一体化"联动机制

理想信念是人们对未来的美好预期和坚定不移的追求，是人的精神之"钙"。在我国经济社会发展进入新时代的重要历史时期，理想信念教育被赋予了越来越鲜明的时代意义、政治意义和教育意义。学校是理想信念教育的关键场域，如何通过体制机制和理念方法的创新提升理想信念教育的有效性，是每一所学校都应该认真思考的问题。本研究立足于弘扬社会主义先进文化的时代背景、突出立德树人根本任务的教育背景以及探索基础教育均衡发展的区域一体化办学实践改革背景，聚焦于中小学理想信念教育载体单

一、路径单一、有效性不高的实际问题，以上海市教育综合改革“学区化办学”为抓手，以“党团队一体化”为载体，以弘扬中华优秀传统文化、革命文化和社会主义先进文化为重点，通过田林虹梅学区10所中小学及所属街道、企业、院所的协同联动，试图在充分挖掘理想信念教育价值基础上，融入系统性、整合性思维，设计生成“纵向目标递进、横向内容延伸”的中小学理想信念教育新模式，打造一体化的理想信念教育格局，从而提升理想信念教育有效性，落实立德树人根本任务。

### （一）主要做法

#### 1. 打造“党团队一体化”的教育机制

依托少先队、共青团和青年党校，构筑从小学到高中一体化的学生理想信念教育机制。小学阶段主要通过少先队组织的引领，强化爱国家、爱上海、爱学校的意识；中学阶段主要做好共青团、少先队的联动和衔接，通过少年团校、团员发展大会等，进一步强化中学生的理想信念；高中阶段着力实现从团校到青年党校的提升，抓实爱党、爱国教育这个核心环节，通过宣传优秀共产党员事迹、家长党员进课堂、微型党课大赛等方式，向青年学子传递党的知识，扩大党组织的影响力和感召力。

#### 2. 构建“党团队一体化”的红色苗圃

充分挖掘中华优秀传统文化、革命文化和社会主义先进文化中的理想信念教育元素，并实现其与学生成长的有效衔接，构建“党团队一体化”的红色苗圃。“党团队一体化”的红色苗圃教育机制：以社会主义核心价值观为主线，以爱国主义精神教育为主题，以弘扬红色文化为重点，打造西南位育中学、田林虹梅学区党建品牌。

#### 3. 实施“区域资源整合”的教育方式

由西南位育中学党委牵头，联合片区其他学校，依托优质文化资源，通过区域协同联动机制的创新，打造基于区域资源整合的有效理想信念教育路径。

首先，确立协同合作的目标，即通过智慧共享、特色并呈、协同发展、互相借鉴、研训联动、资源共享等途径,形成区域学生理想信念教育的整体效应和区域性特色;其次,梳理协同合作的内容,即围绕学生道德教育目标的顶层设计、学生理想信念教育资源的联合共享、学生理想信念教育课程的合作开发、理想信念教育师资的共同研修等领域开展合作。再次,打造协同合作机制,即成立由徐汇区教育局、田林虹梅社区和学区内各学校领导组成的协同项目实施领导委员会,同时根据工作需要建构中小学协同机制、家校协同机制、社区社会协同机制和项目实施展示研讨机制四大运行机制。最后,实施协同合作项目,即通过设立学区特色基地和校外教育基地,实现区域理想信念教育资源的联合共享;通过共同开发节日精品课程,跨校开设选修课程等,实现区域理想信念教育课程的合作开发;通过建设育人共同体,启动"骨干教师助飞计划",开发教学资源库等方式,实现区域理想信念教育师资的共同研修。

### (二)主要成效

#### 1. 明确了当前学生理想信念教育存在的主要问题

通过对学区所辖学校学生理想信念教育工作开展情况的专项调研,我们了解到,学区各校均普遍重视学生理想信念教育工作,理想信念教育的开展各具特色,积累形成了校本化的教育经验。但同时,理想信念教育中普遍存在三个方面的问题:第一,理想信念教育缺少有效的实施载体,活动雷同,对学生吸引力弱;第二,理想信念教育缺少系统性整合性思维,导致很多学校在理想信念教育的改革与创新上遇到瓶颈,特别是薄弱学校,由于内外部资源条件等的限制,很难在实效性的提升上再出新的成绩;第三,缺乏针对不同年龄学生的理想信念教育阶段性设计,没有充分考虑不同年龄阶段学生的特点和需要,教育的主题和内容缺乏层次性、递进性。基于这样的现实问题,本研究通过教育目标、教育资源、课程设置、师资建设、评价改革等领域的整体设计和协作,充分发挥中华特色文化的理想信念教育价值,建构"纵向目标递进,横向内容延伸"的理想信念教育模式。

#### 2. 确定了理想信念教育的基本理念

在当前教育改革的背景下,本研究充分发挥协同育人的价值,按照"互联互通、共治共享”的理念开展理想信念教育的整合和创新工作，要突出“认同、合作、共赢”的价值导向。其中，认同是学校理想信念教育改革的认知基础，合作是理想信念教育开展的基本方式，共赢是理想信念教育实施的价值导向。在“认同、合作、共赢”的理念指引下，本研究努力打造“纵向一体化、横向协同化”的区域中小学理想信念教育新模式。“纵向一体化”就是要力求打破中小学壁垒，初高中壁垒，探索形成各学段理想信念教育的分年级、分学段目标内容、行为要求、课程体系及实施机制；“横向协同化”就是要逐步构建学校、社区、家庭一体化理想信念教育协同推进机制，充分运用不同领域的教育资源，设计主题鲜明、形式多样的理想信念教育活动，为学生提供更多的理想信念价值体验，提升其理想信念。

3. 生成了基于课程建设的传统文化教育路径

在深刻理解中华传统文化丰富的教育价值的基础上，结合学校特有的文化基因和育人理念，将中华传统文化进行课程化开发，形成契合学生成长规律、满足学生道德生成需要的校本化课程体系。首先，研究设计了从预初年级到高三年级的递进式的德育教育目标，七个年段分别以孝敬谦恭——爱从这里起步、发愤乐学——树立正确苦乐观、奋斗自立——迈好青春第一步、敬业自强——做最好的自己、定位立志——站在人生新的起跑线上、挫折磨炼——成才的最好学校、学会负责——做一个堂堂正正的中国人为目标，把孝敬父母、尊师重道、谦虚礼貌、立志勤学、团结友爱、勤奋节俭等中华传统文化的要义贯穿其中，形成了递进式的、层级鲜明的德育教育体系。其次，研究开发了《五常新说》《古文选编》等校本教材，设计了“读家信、写家信”“红红中国节”“家长榜样寻访”“礼仪修身”等系列化德育实践课程，让每一位孩子有机会接受中华传统优秀文化的浸润和熏陶。

4. 打造出区域一体化的社会主义先进文化教育路径

第一，中华优秀传统文化教育资源的整合与共享。运用学校特色、学区内优质教育资源以及徐汇区的特色文化资源，着力推进基地建设，实现资源共享。第二，中华优秀传统文化教育课程的精品化合作开发。在中华优秀传统文化课程建设方面，通过课程顶层设计、学校课程发展规划引领、特色教师培训跟进以及更灵活的学生跨校选课等举措，扩大传统文化优质课程受益面，打造全面多样、品质上乘的特色课程群。第三，中华优秀传统文化教育师资的专题化共同研修。积极探索有效的学区中小幼教师一体化研修策略，实现教师的专业化均衡发展；组织教师进行集体研修，在学区化平台中建设“育人共同体”；鼓励教师跨校开设选修课程，组织多个专题的教学观摩与研讨活动，实现学校设施设备资源、课程资源、人力资源共享。第四，共同开展大型传统文化教育特色活动整合区域资源，先后组织开展了“人文大讲堂”“院士进校园”等活动，并开展了科技主题、法律主题特色活动，让传统文化与现代活动有机结合，让学生体会更为丰富生动的传统文化教育。

### （三）经验启示

新时代的理想信念教育应全面贯彻有关教育改革的最新文件精神，立足现实需求和学校实际，在理想信念教育的方式方法上进行创新和重构。

#### 1. 深入挖掘理想信念课程价值，开发系统化课程

将现有的单一课程和相关主题活动进行更为系统化的课程开发，进一步挖掘理想信念的课程价值，通过理想信念教育课程化的方式，使之成为有目标、有内容、有载体、有评价的完整的课程体系，从而顺应课程改革的需求，为更好地培养学生的理想信念奠定坚实的课程基础。在系统化课程开发过程中，充分发挥“党团队一体化”联动作用。例如，“四史”学习教育首先在教师党员队伍中开展。在“七一”党的生日之际，走访红色基地、传承革命精神，从名人故居，到历史遗址遗迹，再到优秀建筑，党员们在这堂“行走的党课”中体悟一代代共产党人为党的事业奋斗终身的理想信念和革命精神。通过“四史”学习，教师党员应做到不忘徐汇历史，不忘教育初心。其次，在团委、青年党校层面开展“四史”学习教育。相较于教师党员的学习内容，青年团员的学习内容应该较为浅显易懂，但是在学习教育的广度上要尽可能地拓展开来。在现实条件许可的情况下，对红色资源进行实地参观，了解红色历史，学习红色知识，坚定红色精神。少先队员的学习内容应当以“四史”基础知识为主。建立“党团队一体化”的系

统教育课程，从基础知识的学习，到内在精神的体会与坚持，再到对理想信念的坚守。

2. 创新理想信念教育开展方式

理想信念教育的对象是鲜活的生命个体，他们的生存环境、成长背景、认知水平等都在不断发生变化，如何在理想信念教育开展的方式上进行进一步创新，使之更加契合师生的成长需要，更能够体现出生活性、实践性，从而从根本上保障有效性，这也是需要考虑的。单纯的理论教育已经不能适应现在的教育需要，更多地要通过实践考察、知识竞赛、专题学习等方式进行综合教育。例如，在“四史”学习教育中，通过对中国证券博物馆进行参观学习，我们可以看到中国资本市场改革开放的不平凡历程，了解中国证券业的前世今生，传承金融证券历史文化。再如，通过跨行业的支部共建，坚定理想信念。“医疗”和“教育”是人民群众普遍关注的热点民生问题，我们可以尝试与医疗系统合作共建，实现优势互补。不同行业从业人员肩负的责任和使命不同，纵向学习和横向对比都是为了使我们明了初心，坚定信念，更好地培育时代新人。

## 二、构建促进育德知行合一的研训机制

党的十八大以来，立德树人作为教育的根本任务越来越成为指导教育改革的重要思想方略。党的十九大再次重申了这一重要论断，并对未来一个时期教育的改革发展指明了方向。党的十九大报告强调，“建设教育强国是中华民族伟大复兴的基础工程，必须把教育事业放在优先位置，深化教育改革，加快教育现代化，办好人民满意的教育。要全面贯彻党的教育方针，落实立德树人根本任务，发展素质教育，推进教育公平，培养德智体美全面发展的社会主义建设者和接班人”。①

① 习近平：决胜全面建成小康社会　夺取新时代中国特色社会主义伟大胜利——在中国共产党第十九次全国代表大会上的报告［N］.人民日报，2017-10-28.

## （一）以强队伍为要点，激活全体教师的育德意识和能力

按照习近平总书记提出的“四有”好老师的标准，我们制订“思想有高度、学养有厚度、心灵有温度、育德有效度、创新有力度、辐射有广度”的六度目标。

### 1. 建立核心价值引领机制，激发强教兴国事业心

通过开展“中国梦、西位梦、我的梦”的主题教育活动，把中国梦转化为教师真真切切的教育强国梦，转化为与学生共成长的事业梦，提升教师的思想高度。在教师师德问卷调查的基础上，制订《教师师德培训计划》，签订《教师师德承诺书》，每年评选师德标兵，以此鼓励教师坚持育人本位，潜心治学，以师德促进生德，以教风带动学风。

### 2. 建立学科育人落实机制，强化全程育德责任心

所谓教师人人都是德育工作者，主要体现在：教师在学科教学中，使学科知识通过学生学习的过程，成为学生精神发展和德性成长的智力基础；教师的教学组织形式能够对学生形成合作、包容的心理品质起到潜移默化的作用；教师的教学过程所营造的自由、民主、平等的氛围有利于学生形成创新精神和追求真理与正义的品性；教师在教学中严谨的治学态度和敬业精神，在学校生活中体现的人生准则和处事规范，能够成为学生的示范和榜样。由此，我们尝试开发师德研训课程，提升教师育德意识和能力。师德研修课程包含三个模块，即“意识篇”“能力篇”和“反思篇”。“意识篇”聚焦教师的育德意识，体现育人之道，唤醒教师的德育教育自觉；“能力篇”聚焦教师的育德能力，提高教师从事德育教育的基本技能，特别是结合学科教学、学生活动、班集体生活等开展德育教育的能力；“反思篇”聚焦教师的反思提升，即通过作业的参与和完成，为教师主动反思提升自己的德育意识和能力提供必要的载体和平台，帮助教师反思德育效果。

### 3. 建立评价导向激励机制，培植自我驱动进取心

尝试以评价为导向，如开展“寻找我身边的好老师”活动，评比出一批师德高尚、教学成果突出、深受学生喜爱的“师德之星”，加以宣传奖励；要求党员教师慎思笃行党员“五个一”标准（与时俱进，迎难而上的“一张帆”；投身改革，发

展创新的“一根梁”；观点鲜明，稳定群心的“一把锤”；关爱他人，凝聚师生的“一团火”；指引方向，展示风采的“一面旗”）；每年，将其中的突出事迹制作成“身边的星光”微型党课，为师德建设树立标杆；教师个人年终考评和年级组的综合评议突出师德表现和育德情况，并增加其在评优、评先进中的权重；在中级教师、高级教师职称评审中，量化、细化评价指标，让师德标准有切切实实的依据。

以上的机制措施有助于激发教师的责任心、事业心、进取心，自信心，有利于形成了多维度师德培养与提升路径，为办人民满意的教育提供了强有力的师资保障。

（二）以强基础为基点，实现德育知行合一

“文化立校”是学校发展的百年大计，“以文化人”是学校建设的第一要务，学校以“中国梦 · 西位梦 · 我的梦”作为凝心聚气的有效形式，关注每个教师的发展方向，关注每个学生成长轨迹。

1. 基于学生、教师发展需要促进德育知行合一

首先，基于学生发展需要，促进德育知行合一。弘扬中华优秀传统文化，加强中华优秀传统文化教育，是培养具有民族情怀、时代精神、世界视野的青少年学生的必然要求。当前，很多学生不同程度地存在国家意识淡薄，民族自信心和自豪感减退，漠视民族优秀文化，中华民族的归属意识不强，缺乏人生目标等问题。基于这一现状，有必要提升广大教师的育德意识和育德能力，为广大学生提供高质量的中华优秀传统文化的教育教学活动，促进德育知行合一。

其次，基于教师自身专业发展的需要。中华优秀传统文化教育的实施不仅仅是班主任和德育课教师的事情，而是全体教师的事情，这就要求每一个教师都是德育工作者，都应该具有育德意识和育德能力。这既是教育改革的内在要求，也是学校德育工作的必然要求。提升教师育德意识和育德能力，打造专门的德育培训课目，既是教育教学改革对教师的迫切要求，也是教师专业发展的必然要求。

再次，基于学校中华优秀传统文化教育的优良传统和丰硕成果。中华优秀

传统文化教育是我校教育教学的指导精神和教育重点，经过多年的实践探索，形成了初高中一体化的中华优秀传统文化教育课程体系，开发了校本课程“五常新说”，组织开展了“弘扬中华传统文化，培育时代新人”系列教育讲座，形成了针对教师育德能力提升的多门区级校本研修课程。近年来，基于徐汇区深化学区化办学改革的背景，西南位育中学牵头示范，利用学区协同传统文化教育机制建设。这些都为开发以中华优秀传统文化教育为重点的教师育德意识和育德能力实训课程提供了扎实的工作基础与科研基础。

2. 植入文化基因，激发成长自觉

激发成长自觉，关键需要植入文化基因，因为文化是一种信仰，能在心悦诚服中激发成长自觉。当然植入文化基因绝不是贴在墙上、写在纸上的文字符号就能实现的，而是要让文化理念真正走进全体师生的心里，乃至溶入思想的血脉里，融化于日常行为中，才能真正激发成长自觉。

首先，积极推进德育课程化，让民族人文怀情成为生命成长的精气神。通过多年的实践探索，逐步形成了七个年级分主题、模块化、系列化的德育课程。通过阶梯式递进的中华优秀传统文化熏陶，学生们感悟到了中华优秀传统文化思想精髓。

其次，将“中和位育”定位为学校文化内核。“位育”一词源自我国儒家经典《四书》之一《中庸》中的一段话：“喜怒哀乐之未发，谓之中；发而皆中节，谓之和。中也者，天下之大本也；和也者，天下之达道也。致中和，天地位焉，万物育焉。”“中”，是同一事物中讲究适度、平衡；“和”，是不同事物间力求包容、和谐；“位”，是要摆正位置，准确定位；“育”，是求内生性发展。“中和位育”不但从哲学思辨层面指导我们致“中和”、讲“位育”，而且在人文精神层面引导我们营造和谐的氛围，共建命运共同体。

（三）以融入课堂为重点，推进学科全员育德

学科全员育德工程紧紧依托教研组、备课组，最终确立每个学科细化目标。基于学科目标，老师们开展德育工作的方法和技巧也更加灵活。以教研组各科负责人领衔，将组织、管理、评价与教研相结合，以备课组为单位，推进学科德育的逐步落实。将与中华优秀传统文化相关的各类选修课、拓展课与实践课整合

成学科德育系列课程，建立以教导处为主导，由每个年级“拳头”教育活动项目支撑、课内课外联动、体验与践行融合的学科德育课程。

1. 学科全员育德研究和整体规划

表 5-1　学科育德研究

| 学科 | 学科育德研究 | 学科育德五步法 |
| --- | --- | --- |
| 语文 | 以课本剧为抓手，提升语文学科活动育人的实效性研究 | ① 备课层面：要精准调研，把握现状<br>② 内容层面：要研究教材，挖掘素材<br>③ 方法层面：要汇集案例，探索策略<br>④ 评价层面：要融入作业，试题测验<br>⑤ 拓展层面：要拓宽视野，延展功能 |
| 数学 | 通过案例分享，提升教师的育德意识与育德能力的研究 | |
| 英语 | 以英语文本阅读为抓手，提升教师育德素材积累的实践探究 | |
| 物理 | 利用科学思维实验探究，提升物理教师学科核心素养的研究 | |
| 化学 | 实验探究场域理论在教师育德意识与能力培训中的实践 | |
| 生物 | 中学生物教学中渗透环境教育及生命教育的探索 | |
| 政治 | 教师间协同育德机制的有效模式研究 | |
| 历史 | 历史学科落实家国情怀教育的探索与实践 | |
| 地理 | 构建教师育德意识和能力培养为重点的地理校本师训 | |
| 体育 | 中华传统体育项目校本体育项目的探究与研发 | |
| 信息 | 大数据时代教师德育胜任力的转向调查与路径研究 | |
| 艺术 | 艺术教研中把握德育时机的探索研究 | |

学科全员育德整体规划：核心组进行宏观指导，学科德育研究组具体指导，各教研组具体推进，实行教研组长负责制。遵循七个年级全覆盖原则，以各学科备课组为单位，针对本年级、本学科教材与学科相关拓展课程进行组内深入挖掘，集体备课，开课研讨，反思调整，经验总结。在备课组基础上，跨备课组研讨交流，反思调整，经验总结；在跨备课组基础上，教研组研讨交流，反思调整，经验总结，成果生成；在教研组基础上，全体教研组研讨交流，经验总结，成果生成。把“课课有德育渗透”的目标落实到教研组与备课组，通过总结、交流、研讨和个案积累，不断提升课堂德育渗透的精准和力度，逐步使之成为教师课堂行为的常态。

2. 课堂育德在备课层面：要精准调研，把握现状

德育的一个重要原则就是以学生的思想现状为起点，而非以德育要求为起

点。在学科德育中,教师要了解学生的知识储备和经验,制订适切的情感、态度、价值观目标,不能想当然地进行预设,通常的做法是通过观察、访谈等途径了解学生的所思、所想。例如,为使民族精神教育更符合学生的心理特点、认知规律,使教育更有实效,一位政治课教师从国家意识、公民人格、文化认同三方面对任教班级学生进行问卷调查和个别访谈,了解学生对民族精神内容的认知水平、求知欲和态度以及对中外民族精神的看法等。调查发现,学生对民族精神的认识大部分停留在抗战时期民族英雄的浴血奋战、不怕牺牲,而对当代先进人物的民族精神了解较少。可见,学生并没有较全面地理解 21 世纪所需要的民族精神。在调研基础上,教师设计具有针对性的教学三维目标,提升教学效果。

3. 课堂育德在内容层面:要研究教材,挖掘素材

课堂渗透德育三部曲:第一步,开学初,各教研组将德育列入学期计划,备课组定期德育备课,制订本学科中提升育德意识育德能力的计划,并进行年级德育目标与教材内容的统整,保证校本德育目标的落实;第二步,在对教研组、备课组考核评价中,加入情感、态度、价值观完成情况的权重;第三步,总结学科育德成果。

4. 课堂育德在方法层面:要汇集案例,探索策略

学期结束,每位教师撰写教学中德育渗透的个案,由教导处和政教处联合开展优秀个案的评比表彰,并编撰收录,总结出具有西南位育特点的课堂育人新策略。

5. 课堂育德在评价层面:要融入作业,试题测验

老师们在平时作业、阶段性作业、平时小测验和期中、期末考试四个层面的考核评价中均要体现出对学生德育的考察。例如,高一年级语文学科在相继上完《合欢树》《我们是怎样过母亲节的》等反映美好亲情的课文后,老师布置的作业就是请每位学生为家人做一件有意义的事情,引导学生学会感恩和珍惜亲情;在高一物理的测验中,老师们在题目选编上将“C919”首飞成功,“神舟十一号”发射成功等素材作为题干来考察天体运动、人造卫星等知识点,让学生在审题、解题的过程中培养民族自豪感。

6. 课堂育德在拓展层面：要拓宽视野，延展功能

在学校必修课程中，专门进行学科德育渗透；在拓展型课程中，进一步开设“中华文化经典诵读”“中国古诗词”“中国历史人物概述”等中华传统文化普及类课程，以及“百家姓”“上海方言”“弄堂游戏”“走进徐家汇”等特色为课程；在研究型课程中，引导学生进行“多伦路文化地标面面观”“上海近代史遗迹探访”等课题调研，使中华传统文化教育更具亲和力，与近代历史紧密对接。

（四）以活动为支点，实现活动与课堂育德双向联动

教育的根本目的在于使人得到全面和谐的发展。人的情感、态度、价值观是在长期的教育实践活动中养成的，也是在参与社会活动中逐步形成的。社会实践活动具有实践性和操作性的特点，学生在各种类型的社会实践活动中获得身心全面发展，不断适应未来社会的需要。“德育的实践性，就是德育的现实性和德育价值实现的有效性，在社会生活中表现为与其他实践活动的结合与渗透，它是德育显著的本质属性”。[①] 社会实践活动是学校学生接受德育的有效途径之一，是沟通校内与校外、学校与社会的桥梁，积极开展学生社会实践活动，有利于增强德育的实效性。

学校在活动与课堂德育双向联动的实践中，应当形成校内实践与校外实践两条路径。例如，西南位育中学校内实践经过十余年探索，取得了良好的德育成效；校外实践偏重学生调研，通过调研走访，提升学生对传统文化的认同，实现活动与德育双效提升的目标。例如，在建党 90 周年、95 周年时，年级党校就围绕着建党主题制订了系列活动，如开展关注国家、社会的时政演讲比赛，以家长榜样为基础的优秀老党员足迹寻访活动，组织党校学员参加《党在我心中》《光辉的旗帜》征文，组织学生参加上海市“红色记忆”主题论坛，组织学生参加“不忘过去、薪火相传”徐汇区中学生走访退休老干部活动，开展“红色记忆、青春之歌——学习党史、明确责任”主题演讲活动和上海市党史知识竞赛等。

---

① 郑永廷，张彦.德育发展研究[M].北京：人民出版社，2006：178.

## 三、构建学区化德育协同机制

2017 年 8 月，教育部发布的《中小学德育工作指南》将“理想信念教育”列为德育五项内容之首，突出培养学生对党的政治认同、情感认同、价值认同，将育德作为育才之首。2014 年 3 月，教育部印发的《完善中华优秀传统文化教育指导纲要》指出，要突出中华优秀传统文化教育的紧迫性和重要性，并提出中华优秀传统文化教育的基本原则。2017 年 9 月，国务院办公厅印发的《关于深化教育体制机制改革的意见》指出，要健全立德树人系统化落实机制，强调中华优秀传统文化和革命文化、社会主义先进文化教育的深化与落实。在优秀传统文化与理想信念、政治认同中寻找契合点，扎根传统、着眼当代、立足现实，建立以中华优秀传统文化教育为抓手，培育中小学生的理想信念与政治认同。在倡导开门办学的新时代，校际、社区、企业、家庭全方位的合作交流已成为上海教育推进教育均衡发展的一大时代特色。聚焦中华优秀传统文化，田林虹梅学区化办学，致力于探索家、校、社协同的全景式、全方位的育人模式。

### （一）确立协同合作的目标

“育人先育德、育生先育师”。学区化协同合作将提升学区中小学生理想信念教育的水平和层次，提升德育的时效性和针对性；加强学校、家庭和社会的“三位一体”联动，不断把家校内外、体制内外、区域内外的优质育人资源有效地整合起来，探索大中小一体化的大德育格局；建立和完善党校、团校和队校的体系与机制，通过充分讨论与交流，在学生理想信念和政治认同的培育机制上达成共识，让学区德育朝着更均衡、更优质、更有特色及更有效的方向发展。

协同合作以学区内学生为主体，以学生理想信念与政治认同为切入点，借助学生队校、团校、党校的建设，强化立德树人及全面培育学生的理想信念和政治认同的目标，坚守为党育人的初心，坚定为国育才的立场，探索大中小思政课一体化的新思路，结合青少年成长规律和教育梯次原则循序渐进，逐步深化，将思政课落实、落细、落地，不断增强青少年对党和社会主义事业的热爱，不断增强情感认同、思想认同政治认同，从而自觉成为社会主义建设者和接班人。

（二）梳理协同合作的内容

学区是一个着眼于均衡发展而立足于提升质量的教育模式，高质量是学区化办学的生命，在学区内各校进行基于共性而又有个性的办学实践，力求使学区成为一个寻求基础教育阶段优质均衡发展有效路径的优质教育品牌。田林虹梅学区聚焦形成一种学区文化，其核心是尊重——尊重每一所学校，尊重每一位校长，尊重每一位师生，尊重每一种教育创新，使学区成为和谐共生的大家庭。如何破解学区没有行政隶属关系相对松散的难点？如何让校长、教师化被动应付为内生动力？是协同合作的重点内容。学区利用现代信息技术提升以中华优秀传统文化为重点的教师育德意识与育德能力效能，积极开展师德网络讲座、网上师德微课程、网络研讨等，形成规模效应。在教育局支持下，成员校之间装备视频会议室，并在主任单位、副主任单位设立两个微格教室，今后在财力允许的情况下，逐步实现成员校微格教室全覆盖。为提高使用效率，制订统一的管理制度，利用远程教学手段，实现优质德育课堂的输出与输入，让“学区德育一体化”足不出校却能优质完成。

“学区德育一体化”中的优质课堂、教师感悟、宝贵经验等，在由学区工作委员会牵头创办的《实践与创新》杂志中发表，杂志定位“立足于学区，聚焦于学校，辐射于社区以及家庭”。让学区内每一所学校以中华优秀传统文化为重点的教师育德意识与育德能力的宝贵付出都留下痕迹，让每所学校师生拥有展示德育的阵地。《实践与创新》杂志成为学区内教师、学生、家长跨校交流的平台，成为加强交流分享的重要帮手和精神文化园地，受到社会各界的好评。《实践与创新》杂志拟推出学区“师德之星”主题征文，涵盖教师育德意识与育德能力各个方面，并邀请学术专家参与点评、评奖，进一步提升学区德育一体化实效。

（三）构建协同合作机制

由西南位育中学牵头，学区内十所中小学联动，以“德润田林”项目为载体，确立学区内十所学校横向借鉴联动、策略共振，纵向分层巩固、递进对接的协同创新实施机制。各学校围绕学生理想信念教育这一主题，开展理想信念教育精品课合作开发、师资共同研修。党的十九大召开后，各校迅速落实推进习近平新时代中国特色社会主义思想进教材、进课堂、进头脑，并将其转化为学区学生的自觉行动。在田林第二中学，党支部书记带头开讲，党团员教工专题讲党史、讲祖国发展史，帮助学生树立起爱党、爱国、爱人民的情怀。田林第四小学通过家校联动，共同弘扬红色主题教育，培养学生"为中华民族而骄傲、自豪"的情感。作为学区"领头雁""德润田林"项目牵头发起学校，西南位育中学党委在组织师生热议十九大的基础上，进一步完善"学区理想信念教育联合体"，利用组织优势，党、团、队一体化培育师生理想信念；同时引入高校、社区资源，学校、家庭、社会三位一体联动协同，共同聚力中小学生的理想信念教育。如今，该学区各学校已依托少先队队校、共青团团校和青年党校，构筑了从小学到高中全覆盖的学生理想信念教育机制，"扣好人生的第一粒扣子"在师生中深入人心。

### （四）打造协同合作平台

西南位育中学以校区、年级、班级为点面，围绕中华优秀传统文化推进项目，强化立足课堂、超越课堂、超越试卷、超越书本的育人机制，倾力搭建和不断优化各类实践体验平台，通过学区联动，将实践平台扩展到学区内各个学校。

**表 5－2　西南位育中学实践体验平台**

| 平台 | 具体内容 |
| --- | --- |
| 四大特色项目 | 弘扬工程——弘扬中华优秀传统文化、培育时代新人系列教育 |
| | 外语特色——双本、双翼、双语为特色的外语教学 |
| | 两康工程——以男篮女排、男力女形为主体的两康工程 |
| | 科技特色——以机器人与信息技术为主干的科技创新活动 |
| "西南位育杯"七大市区竞赛交流舞台 | 桥牌锦标赛 |
| | 机器人知识与实践比赛 |
| | 信息学奥赛 |
| | 中学生时政竞赛 |
| | 高中英语辩论赛 |
| | 中学生网球公开赛 |
| | 中学生模拟联合国大会 |

（续表）

| 平台 | 具体内容 |
| --- | --- |
| 八大发展平台 | 课内外结合的学生社团活动 |
| | 培养学生领袖骨干群体系列活动 |
| | 以需求为导向的拓展性校本课程 |
| | 由月主题引领的校园文化活动系列 |
| | 以提高问题意识为中心的探究性学习平台 |
| | 初高中联动的第二外语选修课程 |
| | 以辩论赛、课本剧、课前演讲为主线的口才训练活动 |
| | 以社区与基地为主阵地的社会实践活动 |
| 九大主题月 | 九月——尊师月 |
| | 十月——体育月 |
| | 十一月——科技月 |
| | 十二月——外语月 |
| | 二月——行规月 |
| | 三月——语文月 |
| | 四月——艺术月 |
| | 五月——环保月 |
| | 六月——攀登月 |

根据中小学不同学段，适当增加学校、年级、班级的干部岗位，建立学区内不同平台灵活多样的轮岗和志愿报名竞争上岗机制，为学生提供更多的历练砥砺平台。

## 四、倡导红色基因教育的校际联合探索

党的十八大以来，习近平总书记站在实现中华民族伟大复兴和推进中国特色社会主义建设的高度，就红色基因做出一系列重要论述，这些论述高屋建瓴、内涵丰富、博大精深。我们必须认真学习、仔细领会，切实把握习近平总书记关于红色基因重要论述的精神内核和旨归要义，坚定理想信念，以人民为中心，弘扬优良传统，勇于自我革命，从而奋力夺取新时代中国特色社会主义伟大胜利。

青少年学生是红色基因传承的生力军,学校教育也必然成为继承发扬红色基因教育的重要载体。当前,总体上看,中小学对于红色基因传承和教育的重要价值已经有了普遍的共识,但是如何结合学校实际建构、生成有效的红色基因传承教育实践路径,从这个角度出发,有必要充分发挥学校的能动性,探索有效的红色基因教育方法。在实践中,形成了相应的红色基因教育案例。这些案例既体现了学校对于红色基因传承教育的个性化设计,也体现了校际开展联合研究对红色基因传承教育的影响。

[案例]

传承红色基因,党团队共同铸就思政“同心圆”

上海市教育科学研究院实验小学是徐汇区的一所公立学校,自创办以来,一直秉承“建设多彩新学园,打造新优质教育”的办学理念,力求把学生培养成“乐观自信、健康活泼、适性发展、多元成就”的社会主义建设者和接班人。近几年来,学校致力于教育教学多项变革,取得良好效应,成为徐汇区第一批新优质学校,得到学生、家长、教育行政部门和社会的高度认可。

在迎接建党一百周年之际,习近平总书记强调,要教育引导全党大力发扬红色传统、传承红色基因,赓续共产党人精神血脉,始终保持革命者的大无畏奋斗精神,鼓起迈进新征程、奋进新时代的精气神。作为义务制教育的基层学校,有责任让学生知晓百年来一代又一代中国共产党人的顽强拼搏、不懈奋斗,涌现了一大批视死如归的革命烈士、一大批顽强奋斗的英雄人物、一大批忘我奉献的先进模范,形成了一系列伟大精神,构筑起了中国共产党人的精神谱系。上海市教育科学研究院实验小学为了全面贯彻党的教育方针,帮助学生了解革命烈士事迹,传承红色基因,办好学生红色教育,创建了“同心圆”思政宣讲团。学校将党团队活动一体化,融入红色元素,设计有计划、有主题、多形式、多层次的宣讲活动,让思政课程与日常德育有机结合,切实增强育人效果。宣讲团要讲好党的故事、革命的故事、根据地的故事、英雄和烈士的故事,讲好党的“四史”故事,弘扬中华传统文化,在各项活动中教育、引导全校师生传承红色基因,争当红色传人;同时,帮助青少年学生深刻领会红色精神内涵，透彻把握红色文化精髓，使学生在潜移默化的红色文化熏陶中践行社会主义核心价值观。

## 一、案例背景

2021 年是建党一百周年，在党的领导下，中国取得了非凡的成就。红色基因是中国共产党人的生命密码，记录着共产党人筚路蓝缕的来时之路，集聚着中国共产党的伟大革命精神，凝结着中国共产党的初心和使命。学校要践行立德树人的根本任务，就要加强对青少年的思想政治教育，把红色基因传承好，努力培养新时代德智体美劳全面发展的社会主义建设者和接班人。

在新时代背景下，上海市教育科学研究院实验小学紧跟党中央步伐，始终坚持立德树人、德智体美劳五育并举的育人思路，经过多年的探索和实践，构建具有本校特色的德育课程。通过学科育人和活动育人，以基础型课程为铺展，以多彩的拓展型课程为充盈，逐渐形成多级德育课程框架。学校在落实立德树人根本任务时，还坚持把红色基因融入人才培养全过程，形成具有红色情怀的思政教育体系，成立了“同心圆”思政宣讲团，将红色基因传承融入思政课教学。宣讲团充分利用红色资源，讲好红色故事，把红色资源融入主题教育，加强党史、新中国史教育，引导广大师生在接受红色教育中守初心、担使命。

## 二、案例呈现

### （一）案例所要解决的主要问题

进入新时代以来，学校虽然逐渐开始重视小学生的素质教育，并认识到了红色基因对于素质教育的重要意义，将其逐渐引入了校园教育中，但是实际效果并不是很理想。于是，学校成立专门的思政宣讲团，主要为了解决以下两个问题：

#### 1. 家庭红色基因教育氛围不浓厚

首先，家长的教育理念和教育方式决定了家庭教育的质量。在应试教育背景下，素质教育被打败，家长仍然更加注重学生的考试成绩，注重学生的升学，将目光过多地投放于分数上，从而忽视了对学生思想道德品质的培养，红色基因作为思想政治教育的重要资源被家长漠视。

其次，家长自身的红色基因知识基础薄弱。当前，小学生的家长以“80 后”

为主，他们的生长环境距离革命年代已经非常久远，革命年代产生的红色基因对“80后”家长的影响已甚为微弱。因此，红色基因并没有成为他们教育孩子的优质资源，再加上当前快节奏的工作和生活，大部分家长奔波于生计，无暇学习红色基因的相关知识，导致小学生对红色基因的理解存在偏差。

2. 学校红色教育实效性不强

学校虽然已经对红色基因教育给予了高度重视，但学校教学内容和教学手段缺乏创新，红色基因教育偏理论性，教育内容形式单一，很难引起学生的情感共鸣；实践活动虽注重学生的体验感受，但理论知识缺乏。因此，两者在衔接环节上存在偏差，实践活动没有融合课堂理论，课堂教学欠缺实践教育的检验，进而导致小学生红色基因教育的实效性不足。

（二）案例所要达到的主要目标

针对以上家庭教育和学校教育中存在的问题，本案例要达成的目标是引导家长不仅要加强自身红色基因的学习，还要革新教育理念，改善教育方式，并与学校形成良性合作模式。学校要将红色基因转化为思想政治教育的资源，以家庭教育和社会背景为辅助，多方位构筑红色基因促进小学生思想政治教育的机制，用多元活动激发学生传承红色基因的兴趣，实现小学立德树人的目的。

（三）案例的详细起因、经过及结果

1. “同心圆”思政宣讲团成立背景

上海市教育科学研究院实验小学的德育课程种类丰富多彩，为了使党史教育融入日常教学活动中，以学生们喜闻乐见的方式帮助他们系统地学好、学懂党史，学校专门成立了“同心圆”思政宣讲团。“同心圆”思政宣讲团突出了思想政治课的中心地位，同时统筹兼顾，推动其他课程建设与之同向而行，建立起多圈层同向同行又融会贯通的育人“同心圆”。

宣讲团成员由党支部书记吕捷老师担任团长，团员为德育教导傅丽新老师、团支部书记徐灵娅老师、大队辅导员冯雪飞老师和顾菊凤老师、思政课大组长牛芳老师、党员代表冀雅琴老师、团员代表郁杨帆老师和思政教师代表王雅伦老师，以及三至五年级每班一名学生组成。从宣讲团的成员配置上，上海市教育科学研究院实验小学实现了党团员教育一体化，党员教师引领，团员教师积极参与，学生代表先学习后传扬，全员参与，共同绘制思政育人“同心圆”，让思政课活起来，让队员动起来。

2. “同心圆”思政宣讲团活动方案

(1) 扎实理论学习

传承红色基因，宣讲团成员首先要学好党史、新中国史、改革开放史和社会主义发展史，要领悟党的宗旨，了解时事热点，紧跟党的步伐。宣讲团教师团队要积极参与学校党支部组织的每一次活动，深刻学习习近平总书记的指导思想。只有理论基础扎实，才能将理论与实践相统一，将宣讲团真正建设成为学生成长导航的一盏明灯。

宣讲团学生团队亦要每周阅读关于“四史”的相关理论，了解习近平总书记的最新讲话，并做好笔记。宣讲团每月召开一次内部理论学习交流会，交流主题为习近平总书记最新讲话内容。

(2) 依托学校红色教育基地

① 激活红色教育课堂

A. 讲好红色故事

宣讲团的主要工作是讲好红色故事，呈现的红色教育课堂区别于传统的课堂，注重将红色基因渗透到理论教学中，结合时代人物、时代案例，用红色故事贯穿始终，调动课堂气氛，达到教育效果。

上海市教育科学研究院实验小学的宣讲员们在每个双周周一的午会课上，给自己班级的同学们宣讲“四史”教育故事。午会课上，同学们都能畅所欲言抒发自己的感慨，听到动情之处，有的同学还会热泪盈眶。课后，有的同学们制作英雄事迹书签送给他人，有的会把自己的感受记录在日记本上。大家都用自己的方式感悟着英雄精神。

B. 学习党的精神

上海市教育科学研究院实验小学宣讲团会结合学校大队部工作，积极引导学生学习党中央精神，争做新时代好少年。在党召开第十九届五中全会后，宣讲团面向全校师生，开展了宣讲活动。首先，宣讲员通过生动的照片，向队员介绍了十九届五中全会的目标和“十四五”规划对我国经济发展的重要性；接着，通过有趣的视频，向队员具体阐述了“十四五”规划中，我国在医疗、教育、居民生活方面的新目标，队员们听得心潮澎湃；最后，宣讲员展示了徐汇区在“十四五”规划中所要达到的目标，并联系学生的生活实际，激励学生好好学习，为美好的生活而努力。

C. 创建亲子课堂

要培养乐观自信的孩子离不开家长的支持。我校在多年家庭教育工作经验的基础上，融合家长的力量，请有能力、乐于付出的家长成为志愿者，以生动形象的课程形式向学生传授经验，教会学生为人处世的道理。

例如，宣讲团结合浦东开发开放30周年，邀请了每个班级的“智慧妈妈”进课堂，以生动有趣的故事形式，与孩子们交流上海改革开放史。妈妈们认真备课，精心制作课件，精彩的故事演讲让同学们重温历史，关注祖国发展，提升了民族自豪感。家长进课堂活动也让家长体验了学校的教育模式，调动了家长参与学校教育的积极性，让家校共育绽放出绚丽的篇章。

② 挖掘红色教育资源

宣讲团老师为了同学们能够系统地学习了解红色知识，整理出学校藏书中的红色书籍，在学校图书馆开辟出“红色教育书籍”专栏；还将红色书籍放置在学校走廊的书柜上，帮助学生们随时随地浏览红色故事。除此之外，在学校的红领巾广播中，宣讲团老师会把最近的时事新闻穿插其中，让同学们了解身边发生的大小事，了解我们祖国日益强大，从小就要立下为国奋斗的理想志向。

③ 打造校园红色文化

A. 弘扬传统文化

上海市教育科学研究院实验小学思政宣讲团会根据学校德育处主题教育活动，结合我国的民族传统文化，开展别样的宣讲课堂，让学生感受中华经典文化的魅力。例如，“越音绕梁 · 越趣讲堂”越剧进校园主题活动，宣讲团邀请上海越剧院的老师和演员走进校园，通过现场表演、讲解指导等形式给师生们上了一堂生动形象的传统越剧启蒙课；“张灯结彩猜灯谜，上教实小学子闹元宵”主题活动，宣讲团组织全校观看了元宵节主题集会，又和各班班主任配合举行了“欢乐猜灯谜”活动……

上海市教育科学研究院实验小学的学子在欢乐祥和、健康向上的节日氛围中，了解了祖国多姿多彩的节日文化。上海市教育科学研究院实验小学宣讲团努力践行弘扬传统文化，过好我们的传统节日，让团圆、和谐的中华民族非物质文化精神扎根于孩子们的心中。

B. 唱响红色金典

每年的9月底，上海市教育科学研究院实验小学的学子都会为了祖国庆生开展红歌会，一起赞颂改革开放的光辉历程。红歌会除了有来自30个班级的学生队伍参加，还有学校的党员、团员教师分别组建了两支队伍也加入到了红歌会中。宣讲团还邀请了校级家委会、学校的特色队伍阳光爸爸们来参加“童心向党”红歌会，一展歌喉，与同学们一起庆祝祖国母亲的生日。

每年的红歌会不仅是一场音乐盛宴，更是一次传承优秀革命传统的教育。通过活动，不仅让同学们了解了红色歌曲的创作的背景、意义，更培养了他们的爱国主义精神和民族自豪感。洪亮铿锵的歌声是上海市教育科学研究院实验小学学子的一片赤子之心。我们用自己的热情和歌唱，一同祝福我们亲爱的祖国，愿她永远繁荣富强。

（3）把握家庭红色教育微环境

① 指导家庭教育

要全面提升学校的办学品质，必须重视提高家长的素质，充分发挥家长的教育伙伴作用，构筑起学校、家庭、社会相结合的教育网络，营造出有利于学生身心健康发展的成长环境。为此，我校通过资源整合，统筹协调，开设了针对家长的不同需求的家庭教育指导课程。

宣讲团会在学校的安排下，不定期地给家长开展红色基因传承教育，让家长加强自身对红色文化的学习，革新自身的教育理念，掌握现代化家庭教育方式，共建家校合作良性联动机制。家长可以通过给孩子讲红色英雄的故事、观看红色影片、阅读红色书籍，用英雄的典型事例将奉献精神、服务精神和理想信念等品质内化于心。家长是孩子的第一位老师，要以身作则，用自己丰富的知识和优良的品德来教育和影响孩子，将红色基因传承下去。

② 鼓励祖辈引领

祖辈俱乐部是上海市教育科学研究院实验小学家庭教育工作中一道亮丽的风景线,经常探讨如何发挥祖辈教育作用,助力孩子成长,促进家庭和谐。

宣讲团邀请祖辈们走进课堂,给孩子们讲讲为了新中国的建立英勇牺牲的革命先烈或为了新中国建设作出突出贡献的优秀共产党员故事,让孩子们通过生动具体的故事,缅怀先烈,致敬英雄,认知传统,弘扬传统,增进爱党、爱国、爱社会主义的情感,传承红色基因。2021 年,又逢中国共产党 100 周年,我们在这样的契机下,引导孩子们学党史,知使命,更具有特殊的意义。

(4) 营造红色教育氛围

红色基因是革命奋斗史的缩影,所有的精神和品质都浓缩在其中,是整个社会的宝贵教育资源,因此,全力营造红色的社会教育氛围应该引起重视。宣讲团每次都第一时间把社会各界宣传红色文化的活动发至校群,并由班主任们转发至班群,鼓励和动员同学们积极参加。

上海市教育科学研究院实验小学所属的斜土街道就为孩子们创设了浓浓的学习红色经典文化的氛围。疫情期间,斜土路街道把线下活动搬到线上,希望孩子们能培养好习惯,度过一个有意义的寒假。通过读一本好书,参观一个红色场馆,学唱一首红歌,看一部红色电影,采访一位先锋人物,学做一种家务,养成一个学习好习惯,参加一次志愿活动等,记录学习心得,制作学习生活小报。每一轮征集,他们都为孩子们准备了证书和礼品。

同时,上海市教育科学研究院实验小学学生在党团员教师的带领下积极参加由中共上海市教育卫生工作委员会、上海市教育委员会以及徐汇区青少年活动中心组织的“读红色经典,做信仰传人——百年百书阅读行”“红色经典故事汇”等活动,以青少年学生喜爱的形式,讲“四史”故事,弘扬正能量,传承民族精神,歌颂时代主旋律,让学生在活动中提高艺术修养和审美情趣,增强阅读兴趣,提升语言表达能力,展现徐汇学子良好的艺术素养和精神风貌。

**三、案例分析**

(一) 传承红色基因方法总结

为了传承红色基因,铸就思政育人“同心圆”,上海市教育科学研究院实验小学思政宣讲团以习近平总书记的讲话精神为指导,学习了先进的理论知识,同时不忘历史，回顾“四史”知识，为之后的教育实践打下坚实的理论基础。在了解了理论知识之后，宣讲团结合学校德育处和大队部的活动，让红色课堂活了起来，教师团队引领，学生团队辅助，家长祖辈团队配合，利用社会资源，将红色文化带到学生的身边，滋养青少年的心灵世界；让红色文化像空气一样无处不在、无时不有，在春风化雨、润物无声中，使红色基因渗进血液、浸入心扉。

（二）方法背后蕴含的理性思考

坚持理论指导和实践探索辩证统一，必须坚持实践第一的观点，一切从实际出发。我们在实践过程中发现，学习理论知识不是为了学习而学习，而是为了解决实际问题。学校和家庭都要不断学习中国共产党的历史和新思想，在原来的教育模式上进行创新，设计出更符合现代孩子需要的红色教育模式。实践决定认识，认识又会反用于实践，只有在实践中不断总结经验，才能更好地解决问题。

## 四、案例反思

（一）主要成效

上海市教育科学研究院实验小学“同心圆”思政宣讲团自成立至今，已经举办过多次关于“四史”教育、传统文化教育等的系列宣讲活动，同时也举办过多项红色文化传承活动，赢得了全校师生和家长的诸多好评。宣讲团能够结合国内外时事热点，将红色资源化为看得见、摸得着、感受得到的人物事件，让广大师生随时随地感受红色基因的存在和影响。宣讲团改变了传统的“填鸭式”说教方式和单一的展陈及游览方式，针对学生的身心特点，采用喜闻乐见的讲故事方式和活动方式，让宣讲内容更容易被学生接受。

（二）未来红色基因教育的思考

上海市教育科学研究院实验小学“传承红色基因，铸就思育‘同心圆’”已经起航，也取得了一些成效，但是前进的步伐不能停，未来要做好做实红色基因传承教育，我们还有以下思考：

1. 思政宣讲团队伍建设规模和素质要稳步提升

面向全体师生，宣讲团的教师团队人数较少。教给学生们正确的思想，引导他们走正路是每一位教师都要做到的。未来宣讲团队的教师队伍会不断壮大，教师要做到政治要强，情怀要深，思维要新，视野要广，自律要严，人格要正。宣扬红色文化，要充分发挥教师的积极性、主动性和创造性。

2. 不断增强宣讲活动的思想性、理论性、亲和力和针对性。宣讲团要运用小组研学、情景展示、课题研讨、课堂辩论等更多的新形式学习红色经典，让每个学生自己讲，教师做好画龙点睛的工作，加强引导和总结。

3. 注重家校合作

思政宣讲的学习效果和家长、家庭、家风的作用密切相关。宣讲团不仅要给学生做好红色教育宣讲，还要为家庭传承红色教育做好指导，家校密切配合，传承红色基因，培育时代新人。

（本案例作者：上海市教育科学研究院实验小学　吕捷　冀雅琴）

## 研学路上培育红色基因

上海市中国中学创建于1933年，在中华民族生死存亡之际以国家名字命名学校，正体现了“天下兴亡、匹夫有责”的责任担当。新时代背景下，学校紧紧围绕立德树人根本任务和德智体美劳五育并举的教育方针，以近90年的文化积淀为基础，逐步成为以“责任教育”为办学思想，以“中华优秀传统文化教育”为办学特色的徐汇区实验性、示范性完全中学。

近年来，中国中学党总支注重融合社区、场馆和高校各方资源，探索以红色研学为主题的研学课程体系。在党总支的引领下，通过发挥党员骨干的先锋模范作用，不同年级的学生分别完成从“石库门”到“天安门”，从“象牙塔”到“新天地”的红色研学系列课程。在研学路上，学生们的红色信仰得到启迪，红色基因得到培育。

### 一、案例背景

习近平总书记在全国教育大会上强调，“各级各类学校党组织要把抓好学校党建工作作为办学治校的基本功，把党的教育方针全面贯彻到学校工作各方面；要把立德树人融入思想道德教育、文化知识教育、社会实践教育各环节”。可见，党的教育方针在教育教学各个环节上的高效落实，是学校党建工作必须始终关注的重要课题。

研学课程是在教育综合改革背景下逐渐发展起来新的课程实施方式。党组织引领下的研学课程，就是充分发挥学校党组织的思想引领和组织建设作用，在研学课程实施过程中确保研学课程做到“研”有方向，“学”有指引，引领学生内化社会主义核心价值观，落实党的教育方针。

## 二、案例呈现

中国中学党总支用三年左右时间逐步确立了以“行走中国”命名的研学课程，明确了在党组织引领下通过红色研学课程“带领全校师生共同提升政治认同，坚定理想信念和践行社会主义核心价值观”的课程目标，探索了区域资源与学校课程融合的有效路径。研学课程已经成为全校教职工提升师德素养和专业能力发展的“新平台”，培育学生红色基因、提升政治认同的“新引擎”以及推动学校党建工作的“新动能”，逐步形成“引”在前、“实”在中、“评”在后的研学课程工作机制。

### （一）“引”在前，发挥党组织政治引领作用

“引”是引领，是指党总支提前介入，在研学课程实施前为研学课程把方向。不同于旅行活动，研学课程具有明确的课程目标指向。研学课程引导学生思考什么，让学生在研学课程中研究什么，课程评价让学生学到什么，都要进行精心设计、提前布局。在红色研学课程起步阶段，中国中学党总支基于“启迪信仰、回应改革、关注整合、提高质量”的工作思路，特别提出“要和区域资源优势结合起来，要和对学生的思想引领结合起来，要和党员的先锋模范作用结合起来”的“三结合”课程开发模式。党组织发动全体党员共同组成课程开发突击队，全程考察场馆、参与设计突出红色主题的研学课程方案，共同规划和探讨红色研学课程。

以钱学森图书馆红色研学课程为例。2018年，党总支确立围绕钱学森图书馆的红色资源开发研学课程后，初中党支部立即召集党员教师围绕课程主题进行研讨，初步明确了以“家国情怀”作为红色研学课程主题，以学生的实地探究和“导学任务单”作为课程实施的具体形式。之后，党支部邀请钱学森图书馆工作人员以及市、区德育专家，进一步论证场馆资源与红色研学课程的目标之间的结合点。除了专家指导，党支部还充分发挥党员和群众的智慧，多次实地走

访钱学森图书馆，一次次商量课程主题。最后，在突出"家国情怀"主题的背景下，综合专家指导和党员群众的意见和建议，又增加了"责任担当"和"科学精神"两条落实学生发展核心素养的主线。科学的规划让研学课程目标更加清晰，为课程顺利实施奠定了扎实的思想基础。

确立课程主题后，以党员骨干为主组成了课程开发团队，深入钱学森图书馆开展现场调研。大家结合学生学情和学科特点，深度思考场馆资源与课程目标之间的结合点，最终形成"中国中学钱学森图书馆红色研学课程方案"。该方案对钱学森图书馆的红色研学课程资源进行了认真梳理，从学生进入场馆开始，既有基于初中数学、物理等学科教学的知识问答，也有围绕钱学森生平事迹的微演讲。学生们一边动手组装"歼十"战斗机的模型，了解祖国航空科技的发展；一边又深入了解钱学森公文包背后的红色故事，在钱学森矢志报国的精神背后明确自身的责任。一环紧扣一环的研学课程培养了师生的学科素养和科学精神，也厚植了师生的红色信仰和家国情怀。

整个过程中，党员骨干带领着青年教师、班主任等工作团队共同成长，师生一起带着问题"研"，带着思考"学"，研学课程成为了名副其实的红色信仰之旅。

（二）"实"在中，落实红色研学课程目标

"实"是落实，是指研学课程过程中，党组织必须始终关注研学课程的教育目标，严格落实。研学课程的特点是学生自主性和课程开放性。但是，学生在过程中很容易受到环境因素的影响，基于此，中国中学党总支逐步探索出"结合时事、明确分工、完善流程"的工作路径，确保研学课程目标落地、落实。

以南京研学课程活动为例。学校南京研学课程方案本身已经较为成熟，但是党总支依然坚持每年面向党员骨干和学生群体开展工作调研，研究落实研学课程目标的具体方法。

1. 结合时事。2018 年是中国中学建校 85 周年，学校历史上曾有著名爱国将领张学良将军题词"乐育新民"，校训"智勇仁恕"也由爱国人士于右任亲笔题写。因此，学校就以校史校情作为南京研学课程目标。2019 年，适逢新中国成立 70 周年，高中学生南京研学课程以"回望历史、幸福中国"作为课程主题，重新规划设计《中国中学(高中部)南京研学课程手册》,紧紧结合时代发展,让学生通过研学过程及时感受新闻热点,在亲身实践中确保课程实效性。

2. 明确分工。2019 年,确立围绕新中国成立 70 周年的南京研学主题后,高中党支部继续带领党员骨干和全校教职工明确分工。第一,党员教师认真研究如何把红色基因有机移植到研学课程中;第二,德育处和年级组研究校史校情,实地考察侵华日军南京大屠杀遇难同胞纪念馆和中山陵纪念馆等场馆资源,思考主题教育与场馆资源有机结合的实施路径;第三,班主任队伍具体研究将主题活动转化为班集体凝聚力的工作途径。经过明确分工,研学课程贯穿起了学校党建、德育和课程体系建设等方面的工作,拓展了党建工作的开展空间。

3. 完善流程。有了明确分工,流程组织也更加完善。研学课程实施过程中,班主任主要负责班级组织和班级文化建设;德育处和年级组负责主题教育和仪式教育;青年教师团队带领学生进行思想教育;党员教师深入每个班级,具体指导学生在研学课程中完成研学手册的填写,落实研学课程目标。

采用明确的分工和完善的流程,有效避免了学生因为环境因素而影响课程目标的落实。在党员骨干和全校教职工的分工协作之下,研学课程目标得到了最大程度的实现,研学课程成为了名副其实的学习之旅。

(三)“评”在后,有效评价固化课程成果

“评”是课程评价,是指党组织在研学课程之后,要继续发挥课程引领作用,通过设计评价体系,进一步固化研学课程目标,进一步提升研学课程价值,进一步根植红色基因,让研学课程的评价过程成为学校党建工作的新平台。

2019 年,中国中学党总支把红色研学课程评价展示会,作为“不忘初心、牢记使命”主题教育中主题党日的重要内容。除了高中生南京研学课程外,还开展了以中共一大会址、徐汇名人故居、徐汇滨江等多处红色场馆和基地为依托的研学课程。学生的学习成果汇总后,党总支安排党员教师与学生一起准备课题小组答辩,采用过程性、形成性的课程评价形式对红色研学课程成果进行了评价。

为提升实效,党组织先对学生课题小组的研学手册和课题成果进行分类,然后组织党员骨干和学科老师进行成果论证,在此基础上以大中小思政一体化为工作平台,邀请高校专家组成专家组开展专题论证,形成课题修改意见。修改意见发还各课题组后,党总支再次安排党员骨干对学生一对一培训了科学性论证和答辩技巧。

2019 年 9 月 30 日,庆祝新中国成立 70 周年大会的前一天,一场精彩的红色研学课题答辩会在中国中学的校园内进行。参与答辩的学生们得到红色研学课程评价结果的同时,更坚定了红色的信仰。现场聆听的师生也得到了思想上的洗礼,更加坚定了新时代社会主义道路的道路自信、理论自信、制度自信、文化自信。

一次次的修改和展示,既是对研学课程的评价,更是党组织一次次引领着教师团队和学生,共同加深对红色场馆资源和研学课程的理解。一位参与课题的高一学生在完成课题展示后,上交了这样一份体会:"新中国 70 岁生日的前夕,我参加了这次课题研究之旅格外有意义。党员老师让我们明白了新中国走到今天的艰难历程,也明白了我们这代学子肩负的重任。"在学校党总支的带领下,研学课程成了师生们共同的研究之旅和成长之旅。

## 三、案例分析

新时代背景下,学校党组织的工作阵地必须随着学情变化而不断变化,这已经成为了中学党建工作的共识。在党组织引领下,研学课程、单元设计、学科统整等都可以成为党建工作的新载体。

新课程、新教材要求学校党组织必须直面这些新载体。第一,要善于发挥党员骨干在教育教学工作中的先锋模范作用,要通过党员带动全校教职工共同转变思想、研究问题、克服困难;第二,要善于把思政小课堂引入社会大课堂,把更多区域资源引入学校课程建设和学生思想引领过程中,开放和包容的课程体系会进一步提升党组织政治引领和思想引领的实效性;最后,党组织要善于把工作成果示范辐射到更大的学生和社会群体。示范辐射的过程本身就是研学课程评价和展示的过程,一方面是工作经验的推广;另一方面也是通过示范辐射,不断发现问题,让研学课程更加完善。

## 四、案例反思

党组织引领下建设红色研学课程还需要在实践中持续完善,如研学课程如何更有效地对接学科核心素养。教育部印发的《普通高中课程方案(2017 年版 2020 年修订)》中特别指出,“中国学生发展核心素养是党的教育方针的具体化、细化”。因此,在红色研学课程如何对接学生发展核心素养,是党组织引领研学课程发展中必须思考的问题。此外,如何进一步结合学生年龄特点和学科特征,如何进一步结合场馆资源,如何有机融入社会主义核心价值观,如何建立更加科学有效的评价机制等都是党组织需要进一步思考的问题。无论怎样,在研学路上启迪师生的红色信仰,帮助师生共同实现思想成长,是学校党建工作不断延伸和有效落实的重要实践内容。随着工作机制的不断完善,相信研学课程一定会成为启迪师生红色信仰、培育红色基因的新阵地。

(本案例作者:上海市中国中学　徐翊)

## 根植红色基因,启蒙爱国情怀

龙山幼儿园创办于 1978 年,是一所具有 43 年历史并一直致力于美术教学研究的上海市一级幼儿园。比邻徐家汇商圈、龙华古寺、龙华烈士陵园和上海体育馆,为我园的幼儿带来现代生活、民俗文化、红色基因等多元的成长体验。

立德树人是对“培养什么人”以及“怎样培养人”的一种积极回应,对增强民族的认同感、文化的归属感有着重要的作用。通过金琪书记工作室“红色基因传承”的研究项目引领,我们进一步确立了党建与学校课程有效融合的抓手,重视儿童的归属需要和情感表达,把红色基因课程目标分解为具体可操作、可检测的发展任务,为落实立德树人根本任务夯实基础。

龙山幼儿园党支部以“四史”学习教育为契机,将党建工作与课程教学紧密结合,以“红色基因促进儿童社会归属感建立的行动研究”项目为抓手,在党团员示范展示中,聚焦符合幼儿年龄特点和认知规律的“溯红源、育红苗、播红种”教育内容,分析红色基因在幼儿教育阶段的现状,探索家园、社区融合的红色基因教育路径。

### 一、案例背景

十八大以来,习近平总书记多次强调,让红色基因代代相传,红色基因被提到历史新高度。红色基因是中国人民的理想信念和精神内核,是历史的浓缩,精神的凝练,是对红色文化和红色资源的更进一步的升华。

从“四史”学习教育中,党团员教师进一步认识到,红色政权来之不易,新中国来之不易,中国特色社会主义来之不易。从历史经验中获取智慧、认识规律、把握方向,丰富头脑、开阔眼界,极大提高了党员教师的爱国热情与政治修养。

幼儿身心处于萌芽阶段,是归属感形成的重要时期。如何让幼儿在潜移默化中接受红色基因,萌发爱祖国、爱家乡的情感呢?党团员教师立足幼儿年龄特点和自身领域专长,借助示范岗展示平台,积极交流各自在主题活动、集体教学活动、自主性游戏、个别化学习活动中挖掘、尝试的红色基因资源,有效充实了幼儿园德育课程内容。

**表 5-3 龙山幼儿园根植红色基因的课程内容**

| 活动形式 | 活动主题和领域 | 活动内容 |
|---|---|---|
| 国庆系列活动 | 我是中国人 | 升旗仪式 |
| | | 红色电影节 |
| | | 小小解放军 |
| | | 中国民俗文化展 |
| 集体教学活动 | 体育活动 | 勇过沼泽 |
| | 语言活动 | 访龙山老师、听龙山故事 |
| | | 听红色故事、寻最美家园 |
| | 音乐活动 | 我爱天安门 |
| 自主性游戏 | 我是中国人 | 我是解放军 |
| | 我们的城市 | 古镇水乡 |
| | | 玩弄堂游戏、品传统文化 |
| 个别化学习活动 | 我是中国人 | 蒙古印象 |
| | 我们的城市 | 城市建筑名片 |

下面就以“我是中国人”主题背景下开展的“娃娃学‘四史’”“小小解放军”为例,谈谈根植红色基因在幼儿教育阶段的实践感悟。

## 二、案例呈现

### （一）红色基因是主题核心经验的拓展

学前儿童归属感的培养目标有认知、情感、行为三个维度。认知维度：知道有属于自己的一个地方，理解规则，了解当地的风土人情；情感维度：喜欢自己所在的幼儿园和班级，能与成人和同伴建立良好关系等；行为维度：积极参加集体活动，表达自己的观点与需要，能够分享自己个人经验等。在这样的背景下，将红色基因作为幼儿社会性情感教育的优质资源，并对其内涵和精神做出新时代的崭新解读，是当下幼儿园主题教育活动的必然选择。

### （二）“我是中国人”主题中的预设目标

通过“玩弄堂游戏”“听红色故事”等活动，帮助幼儿在理解与传承民俗文化过程中认识美好生活来之不易，了解丰富多彩的民间故事，并乐于用各种方式表达，感受民间文化的审美意境，萌发民族自豪感，进而让红色基因代代相传。

### （三）根植红色基因的活动

1. 镜头一：听红色故事，寻最美家园

历史是一面镜子，从历史中，我们能够更好地看清世界、认识自己；历史也是一位智者，同历史对话，我们能够更好地认识过去、把握当下、面向未来。重视学习历史是我们党的优良传统，也能让孩子们懂得要珍惜今天来之不易的幸福生活。国庆节到来之际，我们举办“红色电影周”活动，精心挑选了多部在国内广为流传、深受好评的儿童爱国主义影片，如《西瓜炮》《英雄小八路》《渔童》《闪闪的红星》等，在电影周期间，采用园内循环放映及线上亲子观影两种形式播放，让幼儿在视听感受中了解祖国历史，为祖国骄傲。

当幼儿对英雄故事萌发进一步的探究兴趣时，我们选择了园所附近的龙华烈士陵园、光启公园开展走访参观活动。同时，请家长和幼儿一起收集孩子们经常去玩的徐汇滨江、幼儿园周围的体育场及徐家汇变迁的照片、视频等，有的还翻出了爸爸妈妈、爷爷奶奶小时候生活在徐家汇的老照片，并和现在的照片做比较，给孩子讲讲徐汇变迁的历史。通过活动，孩子们对从小生活的地方有了更丰富的认知，对家乡的历史变迁有了更深的体会。

2. 镜头二:探秘少数民族之蒙古印象

主题“我是中国人”学习要求是:应激发幼儿的好奇心和求知欲,知道我国是一个多民族的国家,认识一些少数民族。

于是,我们举行了国庆大活动——民俗文化展,操场上琳琅满目的各种民俗展台给孩子们留下了深刻的印象,他们通过交换物品,体验制作,感受到了不同地域的特色与风情。活动结束后,孩子们与老师聊起了自己兑换的民俗小礼物,提出了对不同少数民族风俗与特产的好奇,老师借机鼓励孩子收集各种他们喜欢的少数民族的资料。于是,藏族、蒙古族、维吾尔族、朝鲜族、傣族等成了孩子们讨论的热点。

孩子们收集自己感兴趣的少数民族的信息,并在家长的帮助下制作少数民族小报,向大家介绍少数民族的特色,在分享交流中初步了解中华民族的个性特征和独特精神,萌发初步的民族意识和民族情感,为今后的学习奠定坚实的基础。

3. 镜头三:我是解放军,勇过沼泽地

借着国庆节活动,每位幼儿身穿迷彩服,一下子就进入了“我是解放军”的角色,自发自主地开启了解放军的游戏。孩子们迁移了国庆大活动时护旗手和升旗手的排练经验,主动和同伴沟通合作,对升旗仪式的礼仪和规则比较清楚,在游戏中也表现出一定的规则意识。当越来越多的同伴被吸引到游戏中来后,大家想用积木搭建出升旗场景。

于是,孩子们一起合作用轨道积木搭出了一个有底座的旗杆,因为轨道积木上面有孔,乐乐又找来绳子穿入孔中,两端扎在小红旗上,可以让红旗升起来。看着五星红旗真的像在操场上一样升起来的时候,孩子们欢呼雀跃。

在游戏中,幼儿对解放军叔叔用什么武器打敌人,怎样保护国家产生了浓厚的兴趣。他们从各种途径收集了有关军事武器的资料,并用各种材料制作了作战武器。孩子们在游戏中忘我地模仿着解放军军事演练时神气模样不断感染着我们。

各种纸箱、塑料瓶和低结构材料的提供给予了幼儿充分的创作空间,他们用大大小小的纸盒制作出的各种坦克和大炮排成一排；同时，迷彩地垫、毯子、伪装布等逼真材料的提供，让孩子有身临其境的感觉，一下子就把孩子带入游戏情境中。“军事基地”的规模越来越大，游戏情节也越来越丰富。幼儿能根据游戏情节发展的需要，主动收集材料表现游戏情节（打靶、堡垒、炸弹、坦克、潜水艇等）。孩子们在游戏的情境中体验着解放军不怕困难，保家卫国的爱国情怀。

游戏中，教师看到了孩子们团队的合作、互相的鼓励、克服困难的勇气，于是设计了体育活动“勇过沼泽地”。在解放军过沼泽的游戏情境中，让幼儿尝试助跑跨跳，从而提高动作的灵活性和克服困难的勇气。

活动开始了，教师选择了音乐渲染紧张氛围，面对突然响起的枪炮声，部分孩子产生了紧张情绪，但是教师的一句“别怕，我们赶紧冲”仿佛把孩子们的斗志给点燃了，他们一个接一个地跨过了一块块“沼泽地”。在合作运送物资环节，两名幼儿需要保持距离和速度的一致，对身体控制与协调性提出了更高的挑战，这时不少幼儿运送的物资掉落了，但在“坚决完成任务”的承诺下，同伴间互相鼓励“坚持到底就是胜利”，有的幼儿还会在后面提醒：“要用力跨啊，千万别掉进去！”物资运送成功让孩子们欣喜不已，他们开心地说道：“耶，我们成功啦！”加油呐喊中，不怕牺牲、勇于奋斗的红色基因逐步得到内化。

## 三、案例分析

### （一）园内外课程资源的充分调动

通过开展“我是中国人”主题活动、娃娃学“四史”系列活动，我们将社区场馆、家长、园所历史等资源，以萌发爱国情怀为主题进行再梳理并纳入幼儿课程，帮助幼儿了解中国传统文化、民风民俗，使幼儿获得多元体验。

这一活动过程不仅是对幼儿的启蒙，也是对家庭的影响，年轻的家长们在一次次的亲子互动中，也纷纷感悟：“革命先辈对中国革命发展所做出的卓越贡献，我们很感动。”“感受了革命先辈们自力更生、艰苦奋斗、舍身报国的精神，宝贝长大也想当解放军。”……家长们也能以崇敬的心情去了解祖国的历史，感受英雄的力量，歌颂时代的楷模，在学思践悟中，坚定理想信念。

（二）教师育德能力的有效提升

作为教师，我们需要为活动做足铺垫，注重延伸。因为只有这样，孩子们才能在潜移默化中内化红色基因。

与此同时，教师要努力成为孩子心中的画笔，帮助他们把红色基因勾勒出来，用智慧的形式再次呈现，一来二往中红色精神也就慢慢根植于幼儿心中了。

在当下倡导的大中小幼学段德育一体化体系中，红色教育是德育的主线，更是立德树人的重要抓手。幼儿的可塑性极强，让幼儿从小接受以红色文化为底色的革命精神和爱国主义的熏陶，引导幼儿从小树立正确的人生观、世界观、价值观尤为关键。

**四、案例反思**

（一）选择符合年龄特点的内容与形式

游戏是幼儿学习的主要方式，肯定孩子的游戏行为，鼓励幼儿用自己的语言表达表现其亲身体验及感受；充分考虑孩子的年龄特点，鼓励幼儿在活动中合作；满足孩子在游戏中的各种需要，鼓励孩子想象、替代；鼓励孩子勇敢地在自然环境中锻炼，提高动作的协调性和灵活性。

孩子们根据已有的认知经验及个人需求，以自己最感兴趣的、印象最深的经历作为游戏主题，以自己的意愿来发起游戏，构思出日益丰富和复杂的游戏情节。

活动中，幼儿较好地表现了合作、协商、勇于创新、坚持到底的品质，这正是红色基因主题教育活动所需要传递给孩子的力量。

（二）传承红色基因，带动五育融合

传承红色基因需要在幼儿发展目标、课程目标、内容实施、评价方式上做整体规划。党团员教师需要承担起红色教育从娃娃抓起的责任，把好的习惯和德行真正传承给孩子；教师不能把传承红色基因作为一时的任务驱动，而是要将其融入立德树人的长远目标，努力担当育红苗的历史重任。传承红色基因需要共同努力，营造氛围，创造条件。

五育融合、立德树人是教育的根本任务，也是龙山幼儿园党支部党建的重要价值指向。我们将以此为推进重点内容，创新党建工作长效机制，创建一支拥有红色基因的队伍，以党支部为核心，以全体党员为主体，以“党员示范岗”活动为载体，将传承红色文化与校园特色、项目特色有机结合，提高教师的政治素养与专业素养，激发党支部和党员的先进性，促进龙山幼儿园教育的优质发展。

（本案例作者：上海市徐汇区龙山幼儿园　农若安）

## 让党旗更红　红领巾更艳

——党建带团建、队建“红色立体研学活动”的研究与实践

党的十九大强调，学校的根本任务是立德树人。习近平总书记多次强调，“要把红色资源利用好，把红色传统发扬好，把红色基因传承好”，“要把理想信念的火种、红色传统的基因一代代传下去，让革命事业薪火相传，血脉永续”。红色基因是党在领导中国人民革命、建设和改革的伟大实践中继承并凝练出的红色精神内核，是红色文化的一部分，是中国共产党宝贵的精神财富。对新时代中小学生进行红色教育，是落实学校立德树人根本任务的时代要求。

如何引导青少年更好地传承红色基因，坚定理想信念教育？如何利用区域红色基因对青少年进行红色教育？如何发挥学校主阵地作用？我们应在课程体系建设上下功夫，加强红色课程建设，把“四史”学习教育融入思政课程。2020年6月，在徐汇区教育工作党委的直接领导下，聚焦区域内基础教育党组织书记自我提升、区域基础教育党组织协同发展，田林第四小学有幸成为区域“金琪特级书记工作室”的一员。作为成员学校，田林第四小学积极以“沐浴新时代的阳光——中小学生红色基因培养模式探索”项目为抓手，聚焦中小幼一体化红色基因培养教育体系，结合学校实际，深入推进“党建带团建、队建，团建、队建壮党建”工作机制，以加强政治建设为引领，充分用好、用活红色资源，深入发掘校园红色文化元素，丰富红色传承教育活动，以党建带团建、队建，讲好新时代红色故事，将红色基因注入全校师生的精神血脉。

### 一、研究背景与意义

党的十八大以来，以习近平同志为核心的党中央高度重视少年儿童和少先队工作，全面加强党的领导，全面强化政治引领，全面优化成长环境。习近平

总书记关于少年儿童和少先队工作的重要论述为做好新时代少先队工作指明了前进方向，提供了根本遵循，推动党的少年儿童事业取得历史性成就。

一直以来，田林第四小学党支部高度重视少先队组织的建设与活动的开展，充分利用党史、国史、队史教育的爱国主义基地进行少先队活动的阵地建设，努力营造弘扬和培育爱国主义情怀的浓厚文化氛围，挖掘特色资源，凸显地域特征，夯实学校德育课程实施方案，引领新时代少先队工作。通过开展体现传统节日充满仪式感的活动，让少先队员了解了传统节日的意义和内涵，进一步激发他们学习中华民族优秀传统文化的热情。全面加强学校少先队工作，强化对少年儿童的政治启蒙和价值观塑造，引导少年儿童时刻准备着为共产主义事业而奋斗，对于全面建设社会主义现代化国家、实现中华民族伟大复兴的中国梦，对于确保党和人民事业薪火相传、后继有人，对于红色基因代代相传，具有重大而深远的意义。

基于以上认识，田林第四小学党支部聚焦少年儿童政治启蒙和价值观塑造，着眼构建党团队一体化传承红色基因机制，通过党建带团建、队建"红色立体研学活动"研究与实践，整体推进学校党建及少先队工作共同发展。

## 二、少先队员红色基因传承情况调查

2020 年 6 月，为深入贯彻落实习近平总书记考察上海重要讲话精神，以及市委、区委相关工作要求，推动党员、干部、师生学好用好历史，以史鉴今、资政育人，徐汇区教育工作党委决定在全区教育系统党员、干部、师生中开展党史、新中国史、改革开放史、社会主义发展史（以下简称"四史"）学习教育。田林第四小学党支部也随即组织召开了"四史"学习教育动员大会，并同步推进全校师生各层面的学习教育，开展党建带团建、队建"红色立体研学活动"的研究与实践。为更好地引导新时代青少年充分认识历史使命，涵养家国情怀，我们在三至五年级的少先队员中开展了"你对'四史'有多少了解"的调查。

（一）问卷调查对象

共发放 52 份调查问卷，回收有效率为 100%。

1. 调查对象的年级人数所占比例

三年级 13 人，占 25%；四年级 26 人，占 50%；五年级 13 人，占 25%。

2. 调查对象的男女所占比例

男生20人,占38.46%;女生32人,占61.54%。

(二) 问卷分析

1. 对“四史”学习教育的重要性和必要性的认识

在“对‘四史’学习教育的重要性和必要性的认识”调查中,参与调查的少先队员中,50%认为“非常有必要”,50%认为“有必要”,没有认为“一般”和“没必要”的。

在“学校是否重视少先队员‘四史’的学习教育”的问题中,参与调查的少先队员中,37.5%认为“非常重视”,29.17%认为“重视”,33.33%认为“一般”,没有认为“不重视”的。

2. 对“四史”学习教育的实际需求

在“少先队员对‘四史’学习教育的实际需求”调查中,参与调查的少先队员中,37.5%提到“想更多地了解历史知识”方面的需求,20.83%提到“要学习革命先辈的历史精神”方面的需求,29.17%提到“希望丰富‘四史’学习教育的内容与形式”方面的需求,还有12.5%提到“希望‘四史’学习教育的内容更有趣,以提高学习兴趣”。

3. 喜欢怎样的“四史”学习教育方式

在“喜欢怎样的‘四史’学习教育方式”调查中,参与调查的少先队员中,70.83%喜欢“通过阅读书籍、观赏电影学习‘四史’”,45.83%喜欢“通过实地寻访、演讲演绎学习‘四史’”,12.5%喜欢“通过国旗下讲话、红领巾广播学习‘四史’”,20.83%喜欢“通过游戏、讲故事的方式学习‘四史’”。

4. 已经开展的“四史”学习教育形式还存在什么不足

在“认为已经开展的‘四史’学习教育形式还存在什么不足”的调查中,16.67%的少先队员认为“学校开展的学习教育形式很多是老师讲,学生听,形式不够多样”,4.17%的少先队员认为“有些书籍、电影讲述的故事年代久远,看不懂”,4.17%的少先队员感到“有些历史变革与现实生活离得太远,很难体会当时人们的感受”。

5. 对将要开展的“四史”学习教育的建议

参与调查的少先队员希望学校在将要开展的“四史”学习教育中能提供更多的机会让少先队员们讲先进党员的故事，把自己学到的“四史”知识与更多的人分享，使个人的认识变成大家的共识；能搭建更多的舞台让少先队员们把感受到的“四史”精神，通过唱一唱、画一画，甚至演一演的形式弘扬开来，以便更好地坚守自己的历史使命；能创造更多请进来、走出去的机会，让少先队员们更深切地体会到历史变革给人民生活带来的巨大变化。

## 三、以红色基因传承促进学校党建

### （一）党建课题引领

结合学区化党建项目“共同体视域下区域教师育德意识与育德能力提升探究”，田林第四小学党支部以书记工作室“沐浴新时代的阳光——中小学生红色基因培养模式探索”项目为抓手，把党建工作与学校德育工作结合起来，聚焦政治启蒙和价值观塑造，精心设计“红色立体研学活动”，常态化开展“党建+”实践研讨活动，用少先队员听得懂、记得住的语言，讲解党、团、队的关系和党史、新中国史、社会主义制度、中国梦等，赓续红色基因，传承革命精神。

1.“红色立体研学活动”框架与内容

表 5－4 “红色立体研学活动”框架与内容

| 年级 | “四史”学习教育内容 | 学 | 访 | 讲 | 唱 | 绘 |
|---|---|---|---|---|---|---|
| | | 学“四史”知识<br>争“领巾”奖章 | 寻访红色地图<br>抒发爱国情怀 | 观赏红色影片<br>讲述英雄故事 | 传唱红歌童谣<br>献礼建党百年 | 描绘红色画卷<br>留住红色记忆 |
| | | 党员宣讲 | 党、团、队共访 | 团员推介 | 党、团、队共唱 | 队员展示 |
| 一年级 | 新中国史 1 | 认识党旗、党徽，知道党的名称和党的生日 | ／ | 《闪闪的红星》<br>《地道战》 | 《我爱北京天安门》 | 童心向党<br>致爱祖国<br>（儿童画展） |
| 二年级 | 少年队队史 | “学会唱一首歌颂党的童谣”“观看一部党的电影并写一两句活动感言 | ／ | 《小兵张嘎》<br>《地雷战》 | 《中国少年先锋队队歌》 | |

（续表）

<table>
<tr><th rowspan="3">年级</th><th rowspan="3">“四史”学习教育内容</th><th>学</th><th>访</th><th>讲</th><th>唱</th><th>绘</th></tr>
<tr><th>学“四史”知识<br>争“领巾”奖章</th><th>寻访红色地图<br>抒发爱国情怀</th><th>观赏红色影片<br>讲述英雄故事</th><th>传唱红歌童谣<br>献礼建党百年</th><th>描绘红色画卷<br>留住红色记忆</th></tr>
<tr><th>党员宣讲</th><th>党、团、队共访</th><th>团员推介</th><th>党、团、队共唱</th><th>队员展示</th></tr>
<tr><td>三年级</td><td>新中国史2</td><td>／</td><td rowspan="3">以小队为单位，开展线上线下相结合的“向国旗敬礼，向小康迈进”青少年励志地图寻访活动</td><td>《开国大典》<br>《建军大业》</td><td>《红星歌》</td><td rowspan="3">童心绘党旗<br>记党在心中<br>（动漫、版画展）</td></tr>
<tr><td>四年级</td><td>改革开放发展史</td><td>／</td><td>《建国大业》<br>《邓小平》</td><td>《我们的田野》</td></tr>
<tr><td>五年级</td><td>党史</td><td>“百年追梦、复兴中华”道法学科单元活动作业设计的研究与实践</td><td>《建党伟业》<br>《开天辟地》</td><td>《国家》</td></tr>
</table>

2. “红色立体研学活动”实施

为庆祝中国共产党成立100周年，进一步增强党的凝聚力和战斗力，田林第四小学围绕“知历史、学竹品、立志向”这一主题，开展了红色基因培育系列活动，使学子更好地传承红色基因，沐浴新时代的阳光。

(1) 溯红源：知史激志、照鉴未来

2021年是“十四五”的开局之年，也标志着进入全面建设社会主义现代化国家的新征程，我们还将迎来建党100年的华诞。

为深入贯彻落实习近平总书记新时代中国特色社会主义思想，大力弘扬科学精神，引导新时代青少年深刻认识历史使命，涵养家国情怀，坚定民族自信，使榜样的力量直抵心灵，让爱国主义精神在青少年心中牢牢扎根，2020年1月上旬，田林第四小学在五年级道法学科开展“百年追梦、复兴中华”道法学科单元活动作业设计的研究与实践的基础上，举行了2020学年度第一学期田林第四小学“少先队员学四史”知识竞赛。参赛队员个个胸有成竹，踌躇满志。必答题环节，小选手们沉着应战，发挥出色；抢答题环节，小选手们你追我赶，紧张刺激；论述题部分，小选手们大处着眼，小处入手，结合自身学习生活侃侃而谈，慷慨陈词。整场比赛环环相扣，精彩迭出，那些激荡人心的时间、地点、人物、事件在选手们的口中如数家珍。小选手们以抖擞的精神和满怀的激情,感染着在场的每一位观众与评委。

历史车轮滚滚向前,时代潮流浩浩荡荡。“四史”镌刻着我们党的拼搏奋斗历程,见证着新中国的发展壮大,书写着改革开放的辉煌成就,彰显着社会主义的强大生命力。精彩的活动虽已落下帷幕,学子的家国情怀却站在了新时代、新起点,以“四史”去激发自己奋斗的志向,照鉴美好与远大的未来。

(2) 聚红力:赓续薪火,致敬楷模

楷模,是时代的奋进;少年,是民族的未来。书香里的课堂,楷模凝聚力量。新学期开学第一课,田林第四小学的莘莘学子共感楷模精神,同燃复兴之火。

在喜迎中国共产党百年华诞的激动时刻,田林第四小学所属田林街道携手辖区单位,共同推出学习楷模人物,点亮“听时代强音、谱事业华章”活动主题。学校党支部借助学区“德润田林”德育平台,将“田林馨家园”公众号上的楷模故事推送给学生,让学校成为传承和弘扬楷模精神的主阵地,使楷模精神成为青少年触手可及的精神食粮。这些楷模人物中,有将科普知识和科学精神传递给更多人的中科院院士陈庆云爷爷,辛勤耕耘在“第二个春天”里的志愿军战士陈斌爷爷,为东南沿海地区的经济腾飞插上了翅膀的童鼎昌爷爷……在听了楷模爷爷们的故事后,同学们纷纷留下感言:

以前,我一直觉得,科学家最值得我们学习的就是渊博的知识。现在,我渐渐明白,科学家的那份“为国家需要而学习”的伟大爱国情怀、“实事求是、绝不造假”的严谨科学态度和“终身学习、毫无保留”的无私治学精神更值得我用心学习。

——五(2)班　马致远

也许在事业上,我并不能够达到楷模那样的高度,但我以楷模为榜样,学习的时候尽最大努力学,工作的时候兢兢业业,坚持实事求是,坚持以国家的需要为先,先国家后个人,让祖国发展得更好。

——三(1)班　姜晓洁

在全世界疫情肆虐的今天,我们生活得这么安稳幸福,我想就是有无数的像楷模那样的人在默默奉献,所以我们要珍惜当下,努力学习,来回报国家。“求实是本,奉献为先”将深深地激励我,成为我的座右铭。

——四(1)班　洪黄奕

(3) 育红苗:追寻印迹、树立志向

为推进青少年“四史”学习教育,唱响爱党、爱国、爱家乡的主旋律,2020年7月,田林第四小学积极开展“寻访红色地图、抒发爱国情怀”活动。全校一至五年级的学生纷纷开启了“一次红色寻访”,以亲子或小队的形式,通过使用“徐汇区青少年励志地图”小程序,选择徐汇区内一个红色基地开展寻访探究活动,了解历久弥新的红色故事,感受红色豪情,以红色基地为背景与国旗合影或是向着红色基地敬礼合影完成“一张红色合影”。学生们紧扣主题要求,充分发挥创意,用最直观的方式向国庆献礼,向祖国致敬。龙华烈士陵园、宋庆龄故居、钱学森图书馆、徐光启纪念馆……到处有少年学子的蓬勃身影在驻足与流动。一张张生动鲜活的照片既展示了我区浓厚的红色基因和浓郁的国庆氛围,也展示了学子良好的精神风貌。

通过寻访红色基地活动,队员们的爱国、爱党的热情得到了强烈地激发,结合“四史”学习教育,他们饶有兴趣地完成了“一份红色作业”。一首首以“向国旗敬礼、向小康迈进”为主题的童谣创作作品新鲜出炉,童心向党表达对伟大祖国的美好祝愿,更加坚定“从小学先锋,长大做先锋”理想与信念。同学们通过“三个一”的系列活动,在寻访与打卡中能够切身感受到在中国共产党的领导下全国人民团结一心、众志成城的伟大力量,人民生活安居乐业,社会发展欣欣向荣;在追寻历史的印迹中,以史为鉴,传承红色精神,努力成长为能够担当民族复兴大任的时代新人。

(二) 党建机制探索

1. 党建引领,压实一体运作责任链

学校在组织开展“四史”学习教育的过程中,严格落实少先队工作委员会“双主任”制,强化党的领导,确定由学校党支部书记兼任学校少工委主任,打通了引领、组织、发展少年儿童的最后一公里。学校把党建带团建、队建作为学校的一项重要工作,目的就是进一步规范学校党建带团建、队建工作,切实提高学校少先队组织建设水平,形成党团队一体化建设新导向。

2. 筑牢阵地,夯实护航成长保障链

为了夯实队伍基础,学校党支部六位党员联系指导六位中队辅导员(正副班主任),以老带新的方式,促进学校少先队工作整体提升。同时,以校本特色

“竹文化”系列活动为载体，组织少先队员观看“让红领巾更加鲜艳”网上少先队入队队课，开展“弘扬传统好美德、争做劳动小达人”主题队课观摩，以及“争做好队员、筑梦新时代”“四史”知识竞赛，全面激活少先队工作。

**四、以红色文化传承强化学校党建，筑牢红色堡垒**

1. 将红色文化传承融入思想建设，补足精神之钙

学校党支部把思想建党放在重要位置，利用教师节等重要节点，开展“立德树人奋进担当 · 致敬筑梦人”系列教育活动，深化“讲政治、守规矩、敢担当、有作为”集中学习，引导党员干部和教师进一步坚定理想信念；与党员干部谈心，带动党员教师体悟先烈精神，缅怀先烈事迹，增强历史使命感；利用建党、建国等重要节点，开展红色文化集中宣传日系列活动，推动红色信仰牢牢记，红色故事人人讲，红色基因代代传。

2. 将红色文化传承融入组织生活，完善红色基因导链

学校组织党员教师专题学习党章党规、政策法规、纪律条例，观看以红色文化为载体的影视艺术等作品，身临其境感受革命先烈、英雄人物的艰苦奋斗历程。学校党政主要负责同志深入推动思政课集体备课，带头面向全校教职工讲授专题党课，组织课堂观课、评课，在课堂教学中渗透社会主义核心价值观；打造“行走的党课”，传播红色文化；开展“讲党史，不忘初心砥砺前行”党日活动，推动“两学一做”学习教育常态化、制度化。

**五、对学校党建带团建、队建的思考**

党建强基铸魂，团建凝聚动力，队建培育新人。习近平总书记在党史学习教育动员大会上强调，“抓好青少年学习教育，让红色基因、革命薪火代代传承”。红色基因植根于革命先烈用鲜血染红的泥土中，赓续于一代代人不懈奋斗的事业中。青少年是祖国的未来、民族的希望，培养德智体美劳全面发展的社会主义建设者和接班人，需要用好红色资源，讲好红色故事，加强红色教育，把红色基因传承好，让红色成为立德树人的鲜亮底色。未来，学校党支部将持续深化“党建带团建、队建”工作机制，让党旗更红、红领巾更鲜艳。

（本案例作者：上海市徐汇区田林第四小学　陈敏）

# 第六章　走红路：厚植中学生红色基因的未来展望

## 一、要实现传承红色基因、全球视野教育、培养创新思维并举

“青年一代有理想、有担当，国家就有前途，民族就有希望。”[①]青少年是祖国的未来、民族的希望，中学是青少年初步形成世界观、人生观、价值观的关键阶段，在中学教育中融入红色基因，对于传承革命精神，弘扬优良传统，引导青少年树立崇高的理想信念，增强“四个自信”，培养有历史责任感、志存高远的社会主义建设者和接班人来说意义重大。目前，红色基因融入中学教育的过程中仍存在诸多问题，为此以问题为导向，结合上海地方特色，还需要从传承红色基因、全球视野教育以及培养创新思维等方面推进红色基因融入中学教育的变革。

### （一）传承红色基因

习近平总书记曾多次强调，“要把红色资源利用好、把红色传统发扬好、把红色基因传承好”。[②] 在中学开展红色文化教育，传承红色基因是最基本的要求。针对当前师生对传承红色基因的认识有待进一步提高，传承红色基因的课程体系建设有待进一步优化，学校整合红色文化资源有待进一步加强等问题，各中学应结合本校情况从教师培训、课程建设以及发掘红色资源等方面推进红色基因融入中学教育的变革。

---

① 中共中央文献研究室.十八大以来重要文献选编(上)[M].北京:中央文献出版社,2014:277.

② 习近平:贯彻全军政治工作会议精神　扎实推进依法治军从严治军[N].人民日报,2014－12－16(1).

1. 加强教师的红色文化培训，构建全员育人的培养体系

“教师是人类灵魂的工程师，是人类文明的传承者，承载着传播知识、传播思想、传播真理，塑造灵魂、塑造生命、塑造新人的时代重任。”①作为教育过程的设计者、实施者和主导者，教师能否讲好红色故事，传播红色精神，是将红色基因融入中学教育的关键因素。因此，打造一支红色知识储备丰富、教学理念先进、专业能力突出的高素质教师队伍，构建全员育人的培养体系尤为重要。具体而言，要丰富教师的红色文化知识，坚定教师的红色理想信念和提升教师开展红色文化教育的能力。

（1）丰富教师的红色文化知识，提高教师利用红色文化资源的能力

教育者要先受教育，只有教师具备深厚的红色文化知识底蕴，才能充分利用红色文化资源，讲好党的故事、红军的故事，向学生传播红色文化。从红色文化的两种表现形态来看，丰富教师的红色文化知识要从物质文化和非物质文化两个层面同时入手，在物质文化层面，加强教师对红色遗址、红色遗产、红色景区、红色旅游等物质形态红色文化知识的学习，如学习在重要会址召开的相关会议的历史知识，在革命遗址上发生的重要历史事件等等；在非物质文化层面，则要加强教师对红色历史、红色精神、红色文艺作品等非物质形态红色文化知识的学习，如学习党史、新中国史、改革开放史和社会主义发展史，学习井冈山精神、长征精神、延安精神、西柏坡精神，学习红色书画、红色影视、红色歌谣。

（2）坚定教师的红色理想信念，使教师做红色文化的自觉传播者

有信仰才能讲好信仰，只有教师具有坚定的红色理想信念，才能有意识地将红色文化融入课堂教学和个人行为习惯之中，在学生的心里埋下红色的种子。“师者，人之模范也，吐辞为经、举足为法。”②中学教师作为红色文化教育的主体，必须以身作则带头践行红色精神，成为学生的行为榜样，以自身崇高的红色理想信念感化学生，引导学生树立红色理想。为此，要定期对教师进行红色文化教育，如定期开办高质量的学习培训班，举办红色文化研讨论坛，组织教

---

① 习近平：坚持中国特色社会主义教育发展道路 培养德智体美劳全面发展的社会主义建设者和接班人[N].人民日报，2018－09－11.

② 习近平.在北京大学师生座谈会上的讲话[M].北京：人民出版社，2018：8.

师参加红色之旅等，在这些活动中，加强革命精神和共产主义远大理想的教育，不断提升教师的道德情操和思想政治觉悟，使其在心灵的洗礼中，明确自身的社会责任和义务，养成吃苦耐劳、勇于奉献、坚忍不拔的毅力和品质，树立正确的价值观，进一步坚定自身的红色理想信念。

(3) 注重培养教师开展红色文化教育的能力，提升教师的专业技能水平

教师是以教育为生的职业，开展教育活动的能力是教师的必备职业技能。因此，将红色基因融入中学教育，要培养各科教师开展红色文化教育的能力，提高教师进行红色文化教育的专业技能水平。首先，要培养教师将红色文化转化为教学内容的能力，即寻找本学科教学内容中与红色文化相关的契合点，形成富有红色韵味的具体教学内容；其次，要培养教师利用红色文化载体的能力，即教师根据教学内容要求，统筹运用各种形态的红色文化载体，除了利用革命遗址、历史名人纪念馆等传统红色文化载体之外，还应利用微博、微信、小视频社交平台、直播软件等形态的传播载体提高学生的学习兴趣；最后，还要培养教师研究红色文化的能力，即教师应学会挖掘身边的红色文化资源，与时俱进地更新对红色文化的认知，活化红色文化资源，使红色文化教育教学活动更具生命力。

2. 推动红色资源课程的建设，构建全过程育人的课程体系

“青少年阶段是人生的‘拔节孕穗期’，最需要精心引导和栽培。”[①]传承红色基因，培养青少年的爱国主义情怀，树立红色理想信念离不开对红色资源课程的建设。课程是学校教育的重要载体，红色课程在中学教育的课程体系中更是不可缺失的重要一环，因此要加快红色资源课程的建设，构建全过程育人的课程体系。红色资源课程建设应围绕“一个主体，两个辅助”的思路展开，“一个主体”即加快研制中学红色文化教材，开设专门传授红色文化知识、培养红色精神的课程；“两个辅助”即一方面在各学科课程安排中结合相关学科特点，设置学习红色文化的兴趣课，另一方面在相关节日、纪念日、周年庆典等重要时间节点，策划特殊红色课程。

---

① 习近平主持召开学校思想政治理论课教师座谈会强调：用新时代中国特色社会主义思想铸魂育人　贯彻党的教育方针　落实立德树人根本任务[N].人民日报，2019-03-19.

（1）编写中学红色文化教材，指导红色文化课程建设

课程建设与教材建设之间的关系是相辅相成，教材指导课程的实施，拥有固定的教材是课程实施标准化、常态化的前提条件，课程建设又推动和指导着教材建设。从这个意义上来说，编写红色教材是红色资源课程建设中一项非常重要的工作，也是开设红色文化课程的前提和基础。在编写中学红色文化教材时，要注意紧扣统编教材，在教学目的、教学形式和教学规律等方面，要和统编教材相一致，保证教材的科学性与严谨性；在教学内容上，要注重吸收“四史”中的红色文化资源，使学生深入了解党史、国史，弄清楚中国共产党人的初心与使命，明白社会主义来之不易，知党爱党、知国爱国。

（2）依据学科特点，融入红色文化知识

中学教育涉及语文、数学、英语、物理、化学、思想政治、历史、地理、生物、体育、音乐、美术、信息技术等诸多学科，整合其中与红色文化课程相近的学科，并在教学中融入相关红色文化知识，通过各学科之间的互动合作，达到合力育人的效果。从学科特点来看，语文、音乐、美术、历史、思想政治等学科与红色文化课程具有较高的契合度，语文教材中有描写革命事迹、英雄人物的课文，音乐教材里有铿锵有力的红色歌曲，美术教材中有革命历史题材的绘画作品，历史教材中有丰富的红色历史知识，思想政治教材中蕴含着大量的德育素材。由此可见，语文、音乐、美术、历史、思想政治等学科都具备利用红色文化资源开展红色教育的条件。

（3）抓住重要时间节点，策划特殊红色课程

习近平总书记曾在中外记者见面会上表示，“重要时间节点是我们工作的坐标”。[①] 其实这句话同样也适用于教学工作，抓住重要的时间节点，适时开展相关教学活动，能够增加教学活动的仪式感，高效地实现教学目标，获得较高的教学效果。策划特殊红色课程时，要结合红色节日和纪念日的特点确定课程主题，根据青少年的认知规律精心策划课程内容。例如，在五四青年节，围绕“传承五四精神”“青年成长”“使命担当”等主题策划特别课程，教导青少年在磨砺

① 重要时间节点是我们工作的坐标——习近平总书记中外记者见面会讲话启示[N].人民日报，2017－11－08.

中出彩,在奋斗中升华,培养不畏艰险、冲锋在前、真情奉献的青年担当精神;在国庆节,以“爱国”为主题,学习中华民族筚路蓝缕的奋斗历程,厚植青少年的爱国主义情怀等。

3. 挖掘校内外红色文化资源,构建全方位的育人体系

红色文化资源具有重要的教育价值,深入挖掘校内外红色文化资源,不仅有利于丰富红色文化教育的素材,还能够在校内外营造浓厚的红色文化氛围,为红色基因融入中学教育提供良好的教育环境。各中学应充分挖掘利用校内外红色文化资源,坚持显性教育与隐性教育相结合,通过学校、家庭和社会的三方联动,拓展红色文化教育的多维空间,构建全方位的育人体系。

(1) 追溯红色校史,挖掘校园红色文化资源

校园里的红色文化资源有很多种,其中校史中的红色记忆凝结了老一辈无产阶级革命家、教育家和先进知识分子争取民族独立、国家富强的不屈精神和坚定信念,蕴藏着丰富的红色基因,是开展红色文化教育的鲜活教材。各中学可以通过走访老教师、查阅历史资料的方式追溯建校史和办学史,寻找与学校相关的革命人物、红色故事,整合校史中的红色文化资源,如搜寻在本校任教或曾就读于本校的红色名人,探寻建校之初的红色渊源,以及本校曾经发生过的红色历史事件等。除了挖掘之外,更要用好用活这些红色文化资源,从“软文化”和“硬文化”两个方面进行校园红色文化建设,前者可以立足校史中的红色精神,树立红色办学思想,夯实红色教育理念;后者则可以依托红色校史,制订校训、校规、校纪,打造校园红色景观,营造红色校园氛围,在潜移默化中实现红色文化教育。

(2) 挖掘当地红色文化资源,借助地域优势传承红色基因

地方性红色文化中包含着特定的气候、地理、语言、风俗等因素,更容易被生活在该地区的人们理解,给当地人带来亲近感、认同感和自豪感。因此,挖掘校内外红色文化资源更要重视学校所在地区的红色文化资源。一方面,各中学可以积极对接当地政府共享地方性红色文化资源,如寻求当地教育局和相关专家的指导和帮助,将地方性红色文化整理汇编成史料丰富的思政课教材,又或是联合当地的红色教育基地打造第二课堂等;另一方面,可以鼓励教师走访老

红军,搜集地方红色故事,进行地方性红色文化研究,并引导教师在日常教学中有选择、有计划地融入地方红色文化,采用由乡情入手讲述国情,由爱家乡教育到爱国教育的渐进式育人方法,培养学生的责任与担当。

(3) 家校协同联动,探寻家庭红色基因,共育时代新人

“无论时代如何变化,无论经济社会如何发展,对一个社会来说,家庭的生活依托都不可替代,家庭的社会功能都不可替代,家庭的文明作用都不可替代。”[①]中国近代抵御外侮、争取民族独立与解放的历史是一段全民参与的红色历史,20 个世纪的老一辈中国人都是这段红色历史的参与者和见证者,因而每个家庭都或多或少地蕴藏着红色记忆,这也为家校共同进行红色文化教育奠定了基础。挖掘家庭红色文化资源,需要学校与家庭的共同努力。在家庭方面,一方面,家长可以鼓励孩子和见证或是参与革命的长辈共同收集家庭的红色记忆;另一方面,还可以发掘红色家风,探寻家族传承中的红色基因。在学校方面,则可以主动策划相关活动,激发学生探索家庭红色文化资源的积极性,为展示家庭的红色基因提供平台,也为家庭红色文化资源进校园打开切入口。

## (二)加强全球视野教育

全球化是当代社会发展的基本趋势,也是人类社会历史发展的客观进程,更是无产阶级运动和共产主义事业发展的基础。马克思曾在《德意志意识形态》中指出,“无产阶级只有在世界历史意义上才能存在,就像共产主义——它的事业——只有作为‘世界历史性的’存在才有可能实现一样”。[②] 恩格斯曾在《共产主义原理》中指出,共产主义革命“是世界性的革命,所以将有世界性的活动场所”。[③] 在 1848 年发表的《共产党宣言》中,马克思进一步阐述了全球化的必然性,指出发端于经济领域的世界历史进程的外溢效应,分析全球化在社会

---

① 习近平.习近平谈治国理政(第 2 卷)[M].北京:外文出版社,2017:353.

② 中共中央马克思恩格斯列宁斯大林著作编译局.马克思恩格斯文集(第 1 卷)[M].北京:人民出版社,2009:539.

③ 中共中央马克思恩格斯列宁斯大林著作编译局.马克思恩格斯文集(第 1 卷)[M].北京:人民出版社,2009:687.

生活各个方面产生的影响,并呼吁“全世界无产者,联合起来!”。① 由此可见,无产阶级追求自由与解放的运动、共产主义的实现与发展都是基于全球化背景下的世界性革命,因此中国革命也是世界革命的一部分。② 从这个意义上来说,传承红色基因更应树立全球化思维,立足上海优越的地理位置和国际化的城市发展战略,培养具有全球视野的时代新人。

1. 立足城市特点,树立国际化办学理念

办学理念是基于“办怎么样的学校”和“怎样办好学校”的深层次思考,从内容来说,主要有三个方面:一是对学校的理性认识,即“学校是什么”“学校能做什么”;二是对学校的理想追求,即“学校应该是什么”“学校应该做什么”;三是学校的价值观点,即“学校需要坚持什么”“学校应该把握什么”。综合国内外一些知名学校的办学理念来看,先进的办学理念不仅体现学校的特色,还总是与国家和时代发展的需要相连。

全球化是当今世界最深刻的变革,面对经济、政治、文化全球一体化进程的加快,教育也应加快国际化进程。2010 年,我国制定出台的《国家中长期教育改革和发展规划纲要(2010—2020 年)》就明确提到,“要开展多层次、宽领域的教育交流与合作,提高我国教育国际化水平”。可见,培养具有全球视野的人才,已经成为各国适应和满足全球化发展的客观要求与必然趋势。同时,作为我国的直辖市之一,上海是长江三角洲世界级城市群的核心城市,国际经济、金融、贸易、航运、科技创新中心和文化大都市,国家历史文化名城,中国最大的经济中心城市和全球新兴城市。《上海市城市总体规划 2017—2035 年》指出,到 2035 年,要将上海建设成为卓越的全球城市、具有世界影响力的社会主义现代化国际大都市。因此,基于全球化的时代潮流和上海的城市特点、发展的战略定位,上海市各中学应树立国际化办学理念,将开展国际化教育的理念层层推进、落到实处,才能提高教育的国际化水平,培养有全球视野的社会主义接班人。

---

① 中共中央马克思恩格斯列宁斯大林著作编译局.马克思恩格斯文集(第 2 卷)[M].北京:人民出版社,2009:66.

② 毛泽东.毛泽东选集(第二卷)[M].北京:人民出版社,1991:666.

树立国际化办学理念应在传承与变革中实现突破。在全球化背景下，学校是连接本土教育和国外教育的中介与桥梁，中外办学理念在这里进行对话与交流。从当前中学的教育的具体实践来看，各学校在树立国际化办学理念方面也做了不少努力和探索，主要有三种方法：一是全面照搬国外名校的某些办学理念，并聘请熟悉该国教育或国际课程的外国人主导实施；二是对国外的办学理念进行本土化改造；三是结合国情、校情，引入国际教育中的先进元素，以国人自主管理为主导，打造学校的办学特色与亮点。在这三种方法中，第一种做法虽然在短时间内拔高了学校的办学水平，取得了一定的效果，但很多办学理念还是会因为不适应国情而难以长久维持，甚至会阻碍学校的发展；第二种做法虽然能使引进的办学理念与本校发展之间更加契合，但由于过度本土化，未能达到国际化教学的标准水平，从而在国际教育中缺乏影响力，丧失话语权；第三种做法是目前中学树立国际化办学理念的最优选择，既能做到与国际教育衔接，又能保留与国际教育对话的空间，在双向交流中不断提升学校的国际化教育水平，从而增强国际影响力，掌握国际话语权。

2. 结合学校实际，设置国际化教学课程

马克思、恩格斯关于世界历史的论述，指明了全球化的必然性。尽管在后疫情时代，各种国际关系更加纷繁复杂，逆全球化现象似乎有所加重，但我们依然要透过辩证思维看到全球化作为生产力发展的必然产物的不可逆性。面对“百年未有之大变局”，中国领导人基于对现实世界的深入思考，提出共建“一带一路”和构建“人类命运共同体”的倡议，积极应对全球化带来的机遇与挑战。在这种时代背景之下，传承红色基因，推进红色基因融入中学教育不能囿于本土化教育，我们更多地应该思考在全球化背景下如何传承红色基因，如何培养有全球视野的红色基因传承人等问题。课程是教育教学活动的基本依据，是一切教学活动的中介，也是实现学校教育目标、培养全面发展的人才的保证。设置具有全球视野的教学课程，推进国际化课程建设是培养具有国际视野和国际竞争力的复合型人才的重要途径。

目前，设置国际化课程主要有两种方式，一种是将国际因素整合到现有的教学课程中，如在课程的内容、教学资料、教学手段、学生群体、上课地点等方面增加国际因素，又或者是从国际视野出发，对现有的课程目标进行适当的调整；而另一种推进课程国际化的途径则是增设国际化课程，如增设研究国际问题的独立课程或在单科课程中增加相关全球视野研究单元等。当前，中学的红色资源课程建设依然不能忽视课程设置的国际化走向，各中学应充分发挥上海的城市特点和地理优势，将红色课程的设置与国际视野相连，将培养具全球视野的红色传承人作为课程建设的目标之一。具体来看，可以采用如下方法。

在现有的红色课程中融入全球议题，开阔学生视野，在国际背景下讲好中国故事。伴随全球化而来的世界发展难题和热点问题，已经成为人们不可回避的客观事实，环境恶化、贫困、能源危机、可持续发展、和平及人权等诸多问题，已经成为人类生存和发展的最大威胁。作为21世纪的中学生，要从小培养其关注国际动态，了解全球焦点问题的习惯，提高其在全球化背景下理性评判是非和处理问题的能力。在红色资源课程中增设全球议题就是要充分挖掘现有的红色课程中能够作为国际化教育载体的内容，在教学中增加人口、贫富差距、战争、种族歧视等全球性议题，尽量渗透国际化教育理念。例如，以“贫富差距”为主题，将国际化教育元素融入相关课程中，让学生认识并反思全球贫富问题，引导学生分析国际贸易对发展中国家人民生计的影响与冲击等；再如，讲授中国革命史时，引导学生了解在同一时期，世界上其他国家发生的重大事件及其对中国发展的影响。

增设具有国际化视野的红色资源课程，通过丰富学生的跨文化知识，提升学生的国际视野。一方面要设置独立的国际化课程，如设置“全球视野下的社会主义发展史”“世界历史与无产阶级运动”等课程，由此引导学生关注国际议题，掌握跨文化知识，丰富跨文化体验，提升尊重、理解和欣赏不同文化的能力，拓宽全球视野；另一方面要穿插单元课程，即在红色课程中穿插研究全球文化或研究区域文化的单元，如世界历史、人文地理、宗教哲学、中东研究、亚洲历史等。通过设置独立的国际化课程和穿插单元课程的方式，使红色课程容纳更加多元的内容，满足学生探究全球议题、主动了解世界并参与全球事务的需求，引导学生批判地看待国际问题，教会学生探索问题的方法，为培养学生的全球视野提供支持。

3. 紧跟时代需求,培养国际化人才

“千秋基业,人才为本。当前,全球范围内新一轮科技革命和产业变革蓬勃兴起,世界各国都在抢抓机遇,国际人才争夺日趋白热化。”[①]学校作为培养人才的摇篮,要紧跟时代和国家发展的切实需要,培养造就一大批具有全球视野和国际水平的国际化人才。何为国际化人才,不同学者有不同的看法,有学者认为,国际化人才是指具有国际化意识和胸怀以及国际一流的知识结构,视野和能力达到国际化水准,在全球化竞争中善于把握机遇和争取主动的高层次人才;[②]有学者认为,国际化人才需要掌握扎实的专业知识,拥有跨学科视野和较强的跨文化交际能力,能够适应文化走出去的需求,充分理解全球化内涵,积极参与国际事务,解决实际问题。[③] 虽然学者们对国际化人才的界定各有不同,但总的来说,都在强调国际化人才应当至少具有两方面的能力:一是要有多元复合的知识结构和熟练的外语表达能力,这是国际化人才的硬性指标;二是要具有国际化的理念和思维,这是国际化人才的软性要求。

在多元化知识储备和外语表达能力方面,培养国际化人才要将课本基础知识与广博的跨文化知识结合起来,鼓励学生多读书、读好书,引导学生在获取跨文化知识的同时养成深入思考、系统学习的习惯,逐步搭建起多元复合的知识结构。除了读书之外,还要鼓励学生多参加国际化实践活动,让学生在实践中深化对国际社会的认识。例如,学校可以加强中外合作,促进国际交流学习,开展冬令营、夏令营海外游学活动,跨出国门感受多元文化,由此树立全球视野,增进国际理解和认同。此外,良好的跨文化沟通能力是国际化人才的必备技能,除了英语之外,学校还应开设其他外语选修课,提升学生的外语水平以及与不同文化群体沟通交流、表达自我的能力。

在国际化理念和思维方面,培养国际化人才要注重对学生进行全球意识和共赢思维教育。全球意识指的是把存在于地球上的各个国家和民族共同体视

① 习近平:切实贯彻落实新时代党的组织路线 全党努力把党建设得更加坚强有力[N].人民日报,2018-07-05.

② 谢守成.立足国际化人才培养,开展大学生思政教育创新[J].中国高等教育,2012(2):40-41.

③ 桑元峰.从国际化人才培养视角探索外语教学质量监控[J].外语界,2014,164(5):83-88.

为政治的、经济的、社会的和文化复合体的自觉意识，其本质上是一种把其他国家和民族融合并视为与己同等同类的整体意识。[①] 在全球意识的培养上，学校应引导学生立足人类命运共同体，尊重人类的共同利益，遵守国际规则，树立国家平等的观念，理解多国文化之间的差异性。共赢意识即通过合作的方式使双方或者多方互惠互利、相得益彰，实现双方或多方的共同获益。这是在国际化交往中应有的处世原则，学校应培养学生合作共赢的战略思维，学会互信互动的交流方式，在加强与他人的合作中不断获得成长进步。

### （三）培养创新思维

将红色基因融入中学教育，不仅要掌握红色文化知识，更重要的是，充分挖掘和利用地方资源，学习知识背后所蕴含的价值观念和思维方式。上海是中国共产党的诞生地，中共一大、中共二大和中共四大均在上海召开，可以说上海这片红色的土地孕育了中国共产党的建党过程，形成了坚持真理、坚守理想，践行初心、担当使命，不怕牺牲、英勇斗争，对党忠诚、不负人民的伟大建党精神。[②] 这是中国共产党的精神之源。伟大建党精神与井冈山精神、延安精神、西柏坡精神等以具体时空背景为依据而提炼的精神元素一样，集中体现了上海这座城市独特的红色历史和红色精神。因此，推进红色基因融入中学教育的变革，要立足上海的地方红色文化资源，充分发掘伟大建党精神中所蕴含的精神力量、思想观念、创新思维，引导学生传承伟大建党精神，培养学生的创新思维，增强学生的创新能力。

#### 1. 挖掘建党精神中的创新元素

1921 年 7 月 23 日至 31 日，中国共产党在上海法租界贝勒路树德里 3 号（后称望志路 106 号，今兴业路 76 号）和浙江嘉兴南湖召开了第一次全国代表大会，宣告着中国共产党的诞生。1922 年 7 月 16 日至 23 日，中国共产党第二次全国代表大会又在上海英租界南成都路辅德里 625 号（今老成都北路 7 弄 30 号）一座石库门房子里召开，讨论通过了《中国共产党章程》。自此，中国共产党的建党使命基本完成，中国共产党的创建，在实践中建立了党的组织，在精神上

① 宇文利.人类命运共同体视阈下当代中国人的全球意识培育[J].学术论坛，2018(2)：45－50.
② 习近平.在庆祝中国共产党成立 100 周年大会上的讲话[N].人民日报，2021－07－02.

形成了伟大建党精神。

回顾历史，学术界一直关注中国共产党精神的研究阐释。近年来，学界主要以“红船精神”为核心，并结合中国共产党在上海的建党实践，进一步丰富建党精神的内涵。有学者认为，“红船精神”构成了建党精神的核心内涵，[①]即“开天辟地、敢为人先的首创精神，坚定理想、百折不挠的奋斗精神，立党为公、忠诚为民的奉献精神”；[②]有学者结合中国共产党在上海建党的具体实践，认为中国共产党的上海建党精神包含三个方面，“一是忠于信念、坚定理想，二是顺应潮流、勇担重任，三是不惮前驱、开拓创新”；[③]有学者认为，“基于中国共产党的创建历程所提炼、概括、总结出的相关精神，即为建党精神的具体体现，可将其概括为大无畏精神、创新求变思维、爱国爱民情怀以及追求真理理想等”。[④] 这些研究对我们进一步深化对建党精神的理解具有重要意义和价值。

伟大建党精神中蕴含着创新思维。中国共产党从创建之时起，就已经把创新精神根植于党的血脉之中，贯穿着建党的全过程。革命和建设是一条需要不断摸索的道路，没有前路可寻，也没有固定的模式，在这种情况下，创建中国共产党，开辟新的革命道路本就需要有“敢为人先”的气魄和胆识。从这个意义上来说，伟大建党精神的核心要义在于敢于创新。回溯中国共产党的创建历史，我们可以发现，建党过程中的每一步都彰显着党的创新思维。从理论指导来看，中国共产党从创建伊始，就把马克思主义作为自己的指导思想，将建立社会主义国家、实现共产主义作为自己的奋斗目标，把反对帝国主义和封建势力作为目前的首要任务；从价值立场来看，党从一开始就坚定地站在最广大人民群众的立场上，将群众路线扎根于人民，提出到群众中去，特别是到占人口最大多数、遭受苦难最深重的工人农民中去工作，这是除了无产阶级政党之外的任何组织都从未作出过的选择；从组织成员来看，中国共产党创建了中国最先进的政党，这个政党由一批有共同理想和严格纪律的先进分子组成，坚持民主集中制，有强大的领导核心，纪律严明，组织严密，这是以往中国任何政党或政治力

① 陈安杰.论建党精神的基本内涵及其时代价值[J].上海党史与党建，2018(4)：9－12.

② 习近平：弘扬“红船精神” 走在时代前列[N].光明日报，2005－06－21.

③ 张云.中国共产党的上海建党精神[J].上海党史与党建，2017(9)：9－11.

④ 高福进.红船精神与建党精神的内在逻辑关联[J].人民论坛，2019(36)：110－113.

量都不曾具备的先进性。

2. 传承伟大建党精神，增强学生的创新思维

2019年11月2日，习近平总书记在上海视察时强调，上海是我们党的诞生地，党成立后，党中央机关长期驻扎上海。[①] 上海是孕育伟大建党精神的沃土，同时伟大建党精神也已经成为当下上海城市文化发展的精神滋养。中国特色社会主义进入新时代，正面临着百年未有之大变局，上海作为改革开放的排头兵、创新发展的先行者，更要立足中国共产党在上海的建党历史，主动承担起传承和弘扬伟大建党精神的责任使命，用建党精神来滋养城市文化，将上海的建党故事打造成上海独有的文化标识。因此，对上海的中学教育而言，传承红色基因就是要立足由上海孕育而生的建党精神，利用上海独特又丰富的红色文化资源，结合上海城市发展的关键词"创新"，重点培养学生的创新思维。

传承伟大建党精神，增强创新思维，要激励学生敢于上下求索、开拓进取，增强开天辟地、锐意创新的勇气。"生活从不眷顾因循守旧、满足现状者，从不等待不思进取、坐享其成者，而是将更多机遇留给善于和勇于创新的人们。青年是社会上最富活力、最具创造性的群体，理应走在创新创造前列。"[②]当代中国正处于世界创新发展的大潮之中，中华民族要想实现伟大复兴的梦想，必须要在创新大潮中屹立潮头，引领时代的发展趋势。青年学生是创新的主力军，其创新能力关乎国家发展和民族进步。目前，"00后"已经成为中学教育的对象，出生于"互联网+"背景下的"00后"群体不仅思维敏捷，更有创新的热情和灵感。对此，中学教育应适时抓住学生的创新热情和灵感，在学习中国共产党诞生、发展、壮大过程中，侧重讲解党开拓创新的案例，引导学生认真学习中国共产党人开拓创新的事迹，鼓励学生探索新事物，在实践中总结创新的规律，深化对创新的认识，不断增强自身的开拓意识和创新能力。

传承伟大建党精神，增强创新思维，还要鼓励学生勇于解放思想、与时俱进，养成敢为人先、不惮前驱的锐气。思想僵化是使学生落后于时代潮流，丧失创新能力的最大阻碍，而一直以来实行的"重继承、轻创新"的教育方式，更是弱

① 牢记重托担使命，奋楫再创新传奇[N].解放日报，2019-11-02.

② 习近平.在同各界优秀青年代表座谈时的讲话[N].人民日报，2013-05-05.

化了学生的创新思维。党员先驱们选择马克思主义作为救亡图存的思想引领，这与他们勇于解放思想、敢为人先的锐气密不可分，党的这一创新举措也“深刻改变了近代以后中华民族发展的方向和进程，深刻改变了中国人民和中华民族的前途和命运，深刻改变了世界发展的趋势和格局”。[①] 因此，当代中学教育应注重培养学生打破思维定式的能力，引导学生学习中国共产党在建党、建国、探索社会主义道路和改革开放进程中勇于解放思想、与时俱进的优良品质，使学生养成敢为人先、不惮前驱的锐气。

## 二、要用新思想激发中学生的成长自觉

新时代，社会主要矛盾发生了变化，习近平总书记新时代中国特色社会主义思想指引着我们前进的方向。作为青少年的中学生也有了新的使命，实现“两个一百年”伟大目标，青年一代是见证者，更是建设者。在新思想的指引下，广大青少年要明确身上的责任与使命，激发成长自觉。正如2013年习近平总书记在同各界优秀青年代表座谈时所强调的，“中国梦是我们的，更是你们青年一代的。中华民族伟大复兴终将在广大青年的接力奋斗中变为现实”。[②]

### （一）激扬青春梦

“中国梦是民族的梦，也是每个中国人的梦。”每一个中国人的梦想汇聚成了中国梦，青春梦正是典型体现。激扬青春梦，托起中国梦，这是时代的嘱托，也是中学生的成长自觉。每一个中国人都是平凡而伟大的，都具有相同的精神，为祖国、为民族、为人民奉献的无私精神，不屈不挠、艰苦奋斗的意志，正是在这种精神的激励下，我们迈入了新时代。青年有青年的特点，今天我们激发青春力量，就要深刻把握当代中国青年的发展规律，加强对广大青年的政治引领，引导广大青年自觉坚持党的领导，听党话、跟党走，引导社会各方面关心青年、服务青年，为其成长成才营造良好环境。新时代的青年，尤其是中学生，处在中华民族发展的最好时期，既面临着难得的建功立业的人生际遇，也面临着

① 习近平.在庆祝中国共产党成立95周年大会上的讲话[M].北京：人民出版社，2016:1.

② 中共中央文献研究室.十八大以来重要文献选编(上)[M].北京：中央文献出版社，2014:277.

“天将降大任于斯人”的时代使命。这决定了当代中国青年发展的时代主题，就是为实现中华民族伟大复兴的中国梦而奋斗。树立远大理想、热爱伟大祖国、担当时代责任、勇于砥砺奋斗、练就过硬本领、锤炼品德修为，这是习近平总书记对新时代广大青年提出的六点殷切希望。新时代广大青年要牢记习近平总书记的教导，志存高远、脚踏实地，勇做时代的弄潮儿，在实现中国梦的生动实践中放飞青春梦想，在为人民利益的不懈奋斗中书写人生华章。历史的交接棒已经传递到了中学生手中，勿忘昨天的苦难与辉煌，无愧今天的责任与使命，不负明天的梦想与追求。激扬青春梦，奋进新时代，让青春在为祖国、为人民、为民族、为人类的奉献中绽放出更加绚丽的光彩。

（二）点亮理想灯

当代青年身处知识经济的时代，当今的世界是一个全面开放的世界，人类的生产方式、生活方式、思想观念、教育、管理、决策等都已经开始并将在这一时代发生更加巨大的变化，日新月异的科学技术的进步深刻地改变着当代社会生活和整个世界的面貌，也深刻影响着中学生的思想状况。近年来，少数学生的理想信念发生动摇，存在理想信念多元化、易变性特征，最为突出的表现是理想信念模糊。对于大部分中学生来说，理想信念既熟悉而又陌生。“理想信念”这四个字在我们的日常生活中经常被提及，然而很多中学生对于理想信念只有一个浅层的认识。他们对于社会主义、共产主义理想信念没有清醒的认识与理解。同时，许多中学生并不能将理想信念与其个人构建联系，这也就导致了理想信念功利化和过分强调个人独立性现象的出现。在物质条件颇为丰富的今天，许多中学生不能很好地将小我与大我分开，过度追求物质条件的丰富可能从某种程度上将会导致集体信仰的缺失。有人认为，现在的人们都不讲理想，不谈信念了，一切“向钱看”了。理想，理想，有利就想；前途，前途，有钱就图。这确实反映了一部分人的思想状况，原因是多方面的，从主观方面来说，是由于长期不注重马克思主义理论学习，不讲政治，放松了对自己的要求，放松了党性锻炼，以至于丧失了辨别和抵御错误思想的能力。

理想，是个闪光的字眼。人们赞美它，向往它，探索它。诗人流沙河曾经写下过这样的诗句：“理想是石，敲出星星之火；理想是火，点燃熄灭的灯；理想是灯，照亮夜行的路；理想是路，引向你走向黎明。”理想的力量，得到了正确而形象的描绘。一部社会发展史，就是人类为实现理想而奋斗的历史，从“肋生双翼”到太空飞行，从“茹毛饮血”到大同社会，理想是一个国家、一个民族、一个军队直到每一个人的精神支柱，是一种强大的精神力量。

理想信念是共产党人的精神支柱，毛泽东、朱德等老一辈无产阶级革命家之所以能够面对第一次国内革命战争失败后，中国革命处于低潮的严峻形势，又继续战斗，使星星之火燃遍全国，就是因为他们始终具有坚定的革命理想和必胜的信念。在井冈山革命博物馆，有这样一句话可以引起我们的深思——“在困苦到了‘衣不得暖、食不得饱’的时候，还不改英勇直前的精神”。这种精神最根本的就是对共产主义理想必定实现，中国革命一定胜利坚信不疑。

2018 年 9 月 10 日，习近平总书记在全国教育大会上强调，“要在坚定理想信念上下功夫，教育引导学生树立共产主义远大理想和中国特色社会主义共同理想，增强学生的中国特色社会主义道路自信、理论自信、制度自信、文化自信，立志肩负起民族复兴的时代重任”。对青年学生进行理想教育，培养他们成为有理想、有道德、有文化、有纪律的社会主义建设者和接班人，是我们教育工作者的重任。坚持不懈培育和弘扬社会主义核心价值观，深化学生对习近平总书记新时代中国特色社会主义思想的认识，使学生明确自身的发展方向，成为一个打上民族底色和国际视野的现代人、一个拥有高雅气质和诚信坚毅的文明人、一个养成健身习惯和乐观自信的健康人、一个善于中外交流和学会合作的社会人、一个具有问题意识和勤思乐学的智慧人。在学生自觉成长中，为其打下身心健康的基础、终身学习的基础、走上社会的基础。

### （三）照亮前行路

中学生肩负着时代的责任，远大理想、崇高榜样、以史为鉴是他们前行的指路明灯，也是推动他们前进的力量。树立理想信念，向榜样学习，铭记历史，是中学生走向社会服务人民的精神支撑、行动指南和基本遵循。

#### 1. 理想之灯照亮前行道路

习近平总书记新时代中国特色社会主义思想为学生点亮了理想的灯，而理想又为学生照亮了前行的路。理想像一盏明灯，照亮前行的方向，同时也照亮人生路。人生是美丽的,正因为它有理想。没有理想,人生漫长的道路就是一片黑暗,就没有方向,就没有伟大的奋斗目标,这样的人生就没有价值。史立兹(Schlitz)说过,“理想如星辰,我们永不能触到,但我们可像航海者一样,借星光的位置而航行。也许这个梦想十分遥远,但是我会朝着这个目标努力前进”。新思想带给学生的就是理想目标,就是航海者的灯塔,他们人生的道路因为有了这盏灯,便不再黑暗;生活因为有了这盏灯,而不再单调。树立远大理想,从小事做起,从当下做起,在生活的点滴实践中肩负起时代赋予的责任和使命,让前行的道路光辉璀璨。

2. 榜样之灯照亮前行道路

“哪有什么岁月静好,只不过是有人为我们负重前行。”这是一句时下的流行语。我们可以看到各行各业涌现出的榜样,如理想信念坚定、立德树人的中共党史专家郑德荣教授,十六年如一日把生命最宝贵的时光献给祖国雪域高原,倾心培育少数民族科研教学骨干的钟扬教授,用生命捍卫了伟大祖国的尊严的飞行员张超等等。正是因为有千千万万的榜样在为我们负重前行,我们才得以拥有当下的美好生活。虽然工作各有不同,但我们要看到他们的付出,体会当下美好生活的来之不易,要汲取榜样内在的力量,感受他们的家国情怀、进取奉献的优秀品质和崇高精神,做好中学生应做的工作,做出不平凡的贡献。榜样如灯,照亮前行道路;榜样如旗,引领奋斗脚步。向榜样致敬、向榜样学习,做到爱学习,爱思考,尊敬师长,团结同学,乐于助人,刻苦钻研,勤学好问;做事求完美,做人求真诚,勤于实践,坚持努力学好各门功课,积极参加形式多样的课外活动;做一名有理想、有道德、有文化、有毅力的优秀中学生,做德智体美劳全面发展的社会主义建设者和接班人。

3. 历史之灯照亮前行道路

历史,是人类记忆的年轮,连接着昨天与今天,定义着过去和现在。抚今追昔,鉴往知来,时代变迁令人感慨,历史启迪发人深省。铭记历史,不忘初心,方得始终。回望中国共产党走过的百年历程,其初心和使命一脉贯穿革命、建设、改革各个时期,领导人民实现了独立和逐步富裕。抗日战争时期,在民族存亡的生死关头,无数中华儿女以爱国救亡为己任,人无分老幼,地无分南北,同仇敌忾、和衷共济，凝聚起不屈的力量，筑起拯救民族危亡、捍卫民族尊严的“钢铁长城”。新中国70余年来，中国人民在中国共产党的带领下，经过几代人的艰辛努力，改变了中国的面貌。在中华民族五千多年的历史中，这段历史虽然很短，但却是一个伟大的转折点。不久的将来，中国要基本实现社会主义现代化，建成富强、民主、文明、和谐、美丽的社会主义现代化强国，这就是中学生前进的方向，是中学生前行的康庄大道。

## 三、要培养德智体美劳全面发展的社会主义建设者和接班人

教育是党之大计，国之大计。2018年，习近平总书记在北京大学师生座谈会上强调，“我国社会主义教育就是要培养社会主义建设者和接班人”。① 中学生培养必须始终着眼“培养什么人、怎样培养人、为谁培养人”这一根本问题，全面贯彻党的教育方针，培养一代又一代拥护中国共产党领导和我国社会主义制度、立志为中国特色社会主义事业奋斗终身的人才。在全国教育大会上，习近平总书记强调，“我国是中国共产党领导的社会主义国家，这就决定了我们的教育必须把培养社会主义建设者和接班人作为根本任务，培养一代又一代拥护中国共产党领导和我国社会主义制度、立志为中国特色社会主义奋斗终身的有用人才。这是教育工作的根本任务，也是教育现代化的方向目标”。② 培养德智体美劳全面发展的社会主义建设者和接班人是社会主义教育的基本任务，也是教育工作的基本要求和基本遵循。

### （一）坚持社会主义办学方向

在全国教育大会上，习近平总书记将我国教育改革发展的一系列新理念、新思想、新观点概括为“九个坚持”。其中，“坚持社会主义办学方向”是非常重要的一个方面。“坚持社会主义办学方向”这一重要论断反映了党中央对我国教育事业发展的规律性认识，是新时代学校工作的基本遵循，为新时代我国教

① 习近平在北京大学师生座谈会上的讲话[N].人民日报，2018－05－03.

② 习近平在全国教育大会上强调　坚持中国特色社会主义教育发展道路　培养德智体美劳全面发展的社会主义建设者和接班人[N].人民日报，2018－09－11.

育事业的发展指明了方向。教育是一个系统工程，思想政治素质是最重要的素质，德育是素质教育的灵魂。我们必须着眼于国际国内大局，正确审视和解决影响师生思想活动的重大理论和实际问题，增强学校思想政治工作的时代感、针对性和实效性，增强民族凝聚力。“坚持社会主义办学方向”是关乎意识形态的根本问题。

1. 社会主义教育性质

新时代，我国社会的基本矛盾发生变化，但并没有改变我国社会主义初级阶段的状态。教育改革要符合我国国情，走多元化道路，这是我国社会主义初级阶段教育的性质决定的。同时，教育还要体现政治、经济制度的要求和促进人自身的发展，满足生产力发展的要求，这样，我们的教育才能与整个初级阶段的政治、经济、文化、社会、生态的发展相统一。我国是中国共产党领导的社会主义国家，这决定了我国学校必须坚持社会主义的办学方向。

2. 坚持和加强党对学校工作的领导

中国共产党的领导是中国特色社会主义最本质的特征。坚持社会主义办学方向，其根本就是要坚持党对学校的全面领导。学校肩负着培养中国特色社会主义建设者和接班人的重大任务。坚持党对学校的领导，加强和改进学校党的建设，这是建设中国特色社会主义教育的根本遵循和保证。坚持党对学校工作的领导权，就是要牢牢把握学校意识形态工作的领导权、管理权、话语权，在办学治校中坚持马克思主义指导思想不动摇，在学校师生员工中巩固中国特色社会主义共同的思想基础。

3. 紧密结合社会主义发展，提升人才培养质量

学校是培养人的圣殿，归根结底还是要做好立德树人工作，提升人才培养质量。一方面，让学生能够真正了解社会，除了单纯地学习理论知识，还要深入了解社会的发展变革，并有限度地参与到其中；另一方面，杜绝闭门造车，根据社会发展需要，完善课程体系设计，把教学培养等工作跟社会需求、时代发展有机结合起来，让培养的学生能够符合社会主义发展的需求。

4. 强化内部治理，推进学校内涵式发展

习近平总书记在全国教育大会上强调，“要深化办学体制和教育管理改革，

充分激发教育事业发展生机活力”。[①] 学校要从如何提升人才培养质量、如何优化内部治理结构、如何优化资源配置水平、如何提升师资队伍建设水平、如何构建更高水平的人才培养体系等方面深化内涵发展。学校必须根据社会主义发展的需要，自觉调整不适应于社会主义发展需要的学科内容，在综合评价的基础上，提高资源使用效率，使教育效果达到最佳。中学的教学等工作需要广泛地运用新媒体手段，采取中学生愿意接受的方式，增强优质教程的共享程度，提升教学效果；要善于利用大数据等信息手段来提升精细化管理的水平，通过各种数据来发现问题，为精确解决问题提供预警和支撑，实现校园管理、学生工作等各方面的智慧管理。

5. 锤炼党性，打造有战斗力的干部队伍

习近平总书记指出，“能否敢于负责、勇于担当，最能看出一个干部的党性和作风”。领导干部必须拿出敢为人先的勇气，敢于担当责任，勇于直面矛盾，敢于啃硬骨头，直面学校发展中的很多老大难问题，瞄着问题去，迎着问题上，积极应对各种挑战；对于学校教育发展中产生的很多问题，要有新的思路和对策，坚持从实际出发，深入推进办学体制和教育管理改革，优化学校内部办学考核指挥棒的作用，充分激发教育事业发展的生机活力；要充分调动各方面积极性，研究制订出各种激励政策，回应人民群众对中学教育的新期待。

### （二）坚持立德树人的根本任务

青少年阶段是人生的“拔节孕穗期”，最需要精心引导和栽培。落实立德树人根本任务正是培养担当民族复兴大任的时代新人，培养德智体美劳全面发展的社会主义建设者和接班人。

1. 在党的集中统一领导下强化理论武装，建立健全政治引领机制

习近平总书记在思政课教师座谈会上指出，“要建立党委统一领导、党政齐抓共管、有关部门各负其责、全社会协同配合的工作格局，推动形成全党全社会努力办好思政课、教师认真讲好思政课、学生积极学好思政课的良好氛围”。政治引领机制着眼于如何加强党的领导、如何实现价值引领与知识传授相统一，

① 习近平在全国教育大会上强调 坚持中国特色社会主义教育发展道路 培养德智体美劳全面发展的社会主义建设者和接班人[N].人民日报，2018-09-11.

通过党的领导、价值引领、组织措施等方式，加强党对立德树人工作的全面领导。要坚持党对教育事业的全面领导，把健全立德树人机制作为落实党委意识形态工作的重要抓手；强化价值引领，把坚持以马克思主义为指导落实到教育教学各方面，旗帜鲜明地抵制各种错误观点和思潮；加强党史、新中国史、改革开放史、社会主义发展史教育，推动理想信念教育、爱国主义教育常态化、制度化。

2. 积极践行“大中小一体化”机制，发挥教师的关键作用

贴合不同年龄段学生思想行为特点和学习成长规律，实现德育主题、内容、载体、阵地、队伍和资源在不同学段的有效衔接和协同。努力打破学段区隔，坚持分层分类，区分不同年龄阶段的内容重点、实施方式、运行机制，构建科学系统、循序渐进的德育系统。在立德树人实践中教师要发挥积极性、主动性、创造性，要做到政治要强、情怀要深、思维要新、视野要广、自律要严、人格要正。

3. 推动学校、家庭、社会合力育人

现代社会丰富了学生的生活，也为学生成长带了不可避免的负面影响，社会上各种群体截然不同的利益观、价值观，不可避免地会对学生产生这样或那样的影响。在中学生自我认知、抵抗力较弱时，学校教育需要社会、家庭的配合，更需要家长的信任和支持。当前，家庭教育、学校教育、社会教育之间出现“断档”“脱节”的现象，没有形成育人全链条。家庭教育是大教育的组成部分之一，是学校教育与社会教育的基础。学校应当作为连通家庭与社会的纽带，充分发挥主导作用。学校在育人全链条建设中要发挥主导作用，借助政府政策对社会教育资源进行整合。学校在合力育人建设中发挥教育优势，勾连家庭与社会，使三者互相渗透，互相促进、协调一致，形成统一的生态教育网络。

### （三）坚持厚植红色基因

2016 年 4 月 24 日，习近平总书记参观安徽金寨县革命博物馆时指出，“一寸山河一寸血，一抔热土一抔魂。回想过去的烽火岁月，金寨人民以大无畏的牺牲精神，为中国革命事业建立了彪炳史册的功勋，我们要沿着革命前辈的足迹继续前行，把红色江山世世代代传下去。革命传统教育要从娃娃抓起，既注重知识灌输，又加强情感培育，使红色基因渗进血液、浸入心扉，引导

广大青少年树立正确的世界观、人生观、价值观”。红色基因的传承需要从娃娃抓起，中学生时期正是红色基因渗进血液、浸入心扉的关键时期。红色基因教育要以多形式、多方式开展，使青少年在耳濡目染中将红色精神内化于心、外化于行。

2018 年 3 月 8 日，习近平总书记参加十三届全国人大一次会议山东代表团审议时强调，“红色基因就是要传承。中华民族从站起来、富起来到强起来，经历了多少坎坷，创造了多少奇迹，要让后代牢记，我们要不忘初心，永远不可迷失了方向和道路”，“中华民族从站起来、富起来到强起来，是一个不断创造奇迹的过程，不仅要让后代牢记，我们自己也不能迷失。数理化之外，爱国主义教育要加强，要让孩子们知道自己是从哪里来的，红色基因是要验证的”。在对学生进行红色基因教育时，要明确红色基因是什么，为什么要传承，为什么要坚持。红色基因是党领导全国各族人民在实现中华民族伟大复兴的历史进程中所创造的伟大精神的本质所在，是中华民族自强不息的民族品格的集中展示。红色基因传承着历史，其所蕴含的精神内涵和价值追求已经沉淀为当今社会主义先进文化和社会主义核心价值观的重要特质，成为全党带领全国人民不忘初心、牢记使命，决胜全面建成小康社会、夺取新时代中国特色社会主义伟大胜利的强大思想武器。中学生在接受红色教育的过程中，要清醒地认识到，中国共产党的历史是我们的根本，在传承红色基因的过程中，将学习和认识党史、新中国史、改革开放史、社会主义发展史内化其中，倍加爱护和珍视当下的幸福生活，深扎理想信念之根，增强“四个意识”，坚定“四个自信”，做到“两个维护”，争做德智体美劳全面发展的社会主义建设者和接班人。

# 参考文献

[1] 石书臣,张朋林.习近平关于红色文化重要论述的德育思考[J].思想政治教育研究,2019,35(5).

[2] 刘润为.红色文化与中国梦[N].人民日报,2013－11－14.

[3] 王路.把红色基因一代代传承下去[N].上饶日报,2019－08－28.

[4] 吴晶,胡浩.习近平主持召开学校思想政治理论课教师座谈会强调:用新时代中国特色社会主义思想铸魂育人　贯彻党的教育方针　落实立德树人根本任务[J].人民教育,2019(7).

[5] 吴晶,胡浩.习近平在全国高校思想政治工作会议上强调把思想政治工作贯穿教育教学全过程　开创我国高等教育事业发展新局面[J].中国高等教育,2016(24).

[6] 贯彻全军政治工作会议精神　扎实推进依法治军从严治军[N].人民日报,2014－12－16.

[7] 中共中央马克思恩格斯列宁斯大林著作编译局.马克思恩格斯选集(第二卷)[M].北京:人民出版社,2012.

[8] 中共中央宣传部.习近平总书记系列重要讲话读本[M].北京:学习出版社、人民出版社,2016.

[9] 梁启超.少年中国说[M].北京:高等教育出版社,2010.

[10] 习近平.决胜全面建成小康社会　夺取新时代中国特色社会主义伟大胜利[N].人民日报,2017－10－28.

[11] 坚持中国特色社会主义教育发展道路 培养德智体美劳全面发展的社会主义建设者和接班人[N].人民日报,2018-09-11.

[12] 习近平.在北京大学师生座谈会上的讲话[M].北京:人民出版社,2018.

[13] 孔子.论语[M].杨伯峻,杨逢彬,注释.长沙:岳麓书社,2000.

[14] 习近平主持召开学校思想政治理论课教师座谈会强调:用新时代中国特色社会主义思想铸魂育人 贯彻党的教育方针 落实立德树人根本任务[N].人民日报,2019-03-19.

[15] 习近平.习近平谈治国理政(第二卷)[M].北京:外文出版社,2017.

[16] 重要时间节点是我们工作的坐标——习近平总书记中外记者见面会讲话启示[N].人民日报,2017-11-08.

[17] 中央文献研究室.十八大以来重要文献选编(上)[M].北京:中央文献出版社,2014.

[18] 贯彻全军政治工作会议精神 扎实推进依法治军从严治军[N].人民日报,2014-12-16.

[19] 李军.区域红色教育资源进课堂的德育价值与实践逻辑[J].中国教育学刊,2019(12).

[20] 曾祥明.高校思政教育中红色文化资源的运用研究[J].沈阳干部学刊,2018,20(4).

[21] 苗孟琦.红色基因促进小学生思想品质教育研究[D].太原:山西财经大学,2019.

[22] 伊廷莉.上海红色文化资源在小学教育中运用的现状调查研究[D].上海:上海师范大学,2019.

[23] 习近平.要让红色基因代代相传[J].中国老区建设,2014(6).

[24] 渠长根.红色文化概论[M].北京:红旗出版社,2017.

[25] 周锦涛.红色文化建设的路径探索[M].湘潭:湘潭大学出版社,2014.

[26] 王爱华.多维视野下的红色文化[M].成都:西南交通大学出版社,2011.

[27] 张广智.让红色资源成为发展支撑[N].人民日报,2015-10-09.

[28] 高汝伟,殷有敢.红色文化旗帜精神与精神文明建设[J].道德与文明,2017(6).

[29] 游海华.红色文化概念再探[J].红色文化学刊,2017(1).
[30] 张文,王艳飞.红色文化的当代价值及其实现路径[J].人民论坛,2016(23).
[31] 邓如辛.试论红色文化及其当代价值[J].红色文化学刊,2017(1).
[32] 贾微晓.中国共产党革命精神与红色文化理论解析[J].理论月刊,2018(10).
[33] 沈成飞,连文妹.论红色文化的内涵、特征及其当代价值[J].教学与研究,2018(1).
[34] 赵丽君.红色文化融入高中思想政治课的意义、现状与策略[J].教育观察,2020(1).
[35] 高莹莹.浅析红色文化资源融入高中思想政治教育[J].新西部,2018(7).
[36] 丁洁.浅议将红色文化资源开发运用到高中思想政治课中的必要性[J].课程教育研究,2017(7).
[37] 管志雄.浅谈红色文化在高中教学中的挖掘和运用[J].农村经济与科技,2017(2).
[38] 秦基,秦月.红色文化资源在高中思想政治课的活化运用研究[J].福建教育学院学报,2017(3).
[39] 杨舒静.依托红色文化资源　增强理想信念教育实效[J].经济师,2019(9).
[40] 任文刚,段颖.红色文化与当代青年学生理想信念教育[J].山西能源学院学报,2019(8).
[41] 谭婷,张凤.依托地方红色文化加强中小学理想信念教育[J].遵义师范学院学报,2019(2).
[42] 陈欢.红色文化:高校理想信念教育的重要依托[J].学术交流,2013(9).
[43] 张新,戴如莲.依托红色文化遗产　推进理想信念教育[J].中学政治教学参考,2012(8).
[44] 毛泽东.毛泽东选集(第二卷)[M].北京:人民出版社,1991.
[45] 桑林峰.讲好党的故事　传承红色基因[N].中国纪检监察报,2019-08-28.
[46] 黄东.让红色基因融入教育中[N].中国教育报,2018-03-11.
[47] 李磊.校史资源中也有"教育富矿"[N].中国教育报,2015-10-22.
[48] 切实贯彻落实新时代党的组织路线　全党努力把党建设得更加坚强有力

[N].人民日报,2018-07-05.

[49] 习近平.弘扬“红船精神”走在时代前列[N].光明日报,2005-06-21.

[50] 牢记重托担使命,奋楫再创新传奇[N].解放日报,2019-11-02.

[51] 习近平.在同各界优秀青年代表座谈时的讲话[N].人民日报,2013-05-05.

[52] 谢守成.立足国际化人才培养,开展大学生思政教育创新[J].中国高等教育,2012(2).

[53] 桑元峰.从国际化人才培养视角探索外语教学质量监控[J].外语界,2014,164(5).

[54] 宇文利.人类命运共同体视阈下当代中国人的全球意识培育[J].学术论坛,2018(2).

[55] 陈安杰.论建党精神的基本内涵及其时代价值[J].上海党史与党建,2018(4).

[56] 张云.中国共产党的上海建党精神[J].上海党史与党建,2017(9).

[57] 高福进.红船精神与建党精神的内在逻辑关联[J].人民论坛,2019(36).

图书在版编目（CIP）数据

沐浴新时代的阳光：中小学生红色基因培养模式探索 / 金琪编著. — 上海：上海教育出版社，2021.6
ISBN 978-7-5720-0850-4

Ⅰ.①沐… Ⅱ.①金… Ⅲ.①思想政治教育 - 教学研究 - 中小学 Ⅳ.①G631

中国版本图书馆CIP数据核字(2021)第08673号

策　　划　邹　楠
责任编辑　时　莉
装帧设计　赖玟伊

**沐浴新时代的阳光：中小学生红色基因培养模式探索**
**金　琪　编著**

出版发行　上海教育出版社有限公司
官　　网　www.seph.com.cn
地　　址　上海市闵行区号景路159弄C座
邮　　编　201101
印　　刷　上海展强印刷有限公司
开　　本　700×1000　1/16　印张 13
字　　数　192 千字
版　　次　2021年11月第1版
印　　次　2021年11月第1次印刷
书　　号　ISBN 978-7-5720-0850-4/G·0666
定　　价　59.80 元